discurso sobre o espírito positivo

comte

discurso sobre o espírito positivo

Tradução
Antonio Geraldo da Silva

Lafonte

2020 - Brasil

Título original: *Discours Sur L'esprit Positif*
Copyright da tradução © Editora Lafonte Ltda., 2020

Todos os direitos reservados.
Nenhuma parte deste livro pode ser reproduzida sob quaisquer meios existentes sem autorização por escrito dos editores.

Direção Editorial *Ethel Santaella*
Tradução *Antonio Geraldo da Silva*
Revisão *Sebastian Ribeiro / Beluga Editorial*
Textos de capa *Dida Bessana*
Diagramação *Demetrios Cardozo*
Imagem de Capa *VLPA / Shutterstock.com*

```
Dados Internacionais de Catalogação na Publicação (CIP)
        (Câmara Brasileira do Livro, SP, Brasil)

Comte, Auguste, 1798-1857
   Discurso sobre o espírito positivo / Auguste
Comte ; tradução Antônio Geraldo da Silva. --
São Paulo : Lafonte, 2020.

   Título original: Discours sur l'esprit positif
   ISBN 978-85-8186-407-5

   1. Filosofia francesa 2. Positivismo I. Título.

20-38337                                    CDD-146.4
```

Índices para catálogo sistemático:

1. Positivismo : Filosofia   146.4

Maria Alice Ferreira - Bibliotecária - CRB-8/7964

Editora Lafonte

Av. Profª Ida Kolb, 551, Casa Verde, CEP 02518-000, São Paulo-SP, Brasil
Tel.: (+55) 11 3855-2100, CEP 02518-000, São Paulo-SP, Brasil
Atendimento ao leitor (+55) 11 3855- 2216 / 11 – 3855 - 2213 – *atendimento@editoralafonte.com.br*
Venda de livros avulsos (+55) 11 3855- 2216 – *vendas@editoralafonte.com.br*
Venda de livros no atacado (+55) 11 3855-2275 – *atacado@escala.com.br*

Índice

Apresentação 7
Primeira parte 13
Segunda parte 51
Terceira parte 89
Anexo I 99
Anexo II 103

Apresentação

Ordem e progresso, dístico que consta na bandeira brasileira, é uma adaptação do lema da escola positivista "O Amor por princípio e a Ordem por base". Grande influência no século XIX e nas primeiras décadas do século XX, o positivismo se espalhou pelo mundo todo pregando as ideias do filósofo francês Auguste Comte. Este chamava para si a revolução do pensamento universal, a renovação das perspectivas e esperanças do homem como homem e a reorganização da sociedade segundo uma nova proposta, a qual aboliria a subserviência, a submissão total e irrestrita a um sistema que privilegiava a elite em detrimento do povo, tal como havia sido no antigo regime, calcado no sistema feudal de infeliz memória.

O positivismo de Comte exerceu grande influência no Brasil, sobretudo devido ao trabalho de dois grandes propagadores dessa doutrina: Miguel Lemos e Teixeira Mendes. Benjamim Constant, um dos líderes republicanos, aderiu ao novo ideário e, em 1889, quando da criação da bandeira nacional, sugeriu o lema comteano para o principal símbolo da nova ordem.

Como doutrina filosófica, o positivismo se baseia na longa história da humanidade, analisando o comportamento histórico do ser humano como ser social e conclui que toda a atividade do pensamento, ou filosófica, e a atividade artesanal e científica são exercidas unicamente no âmbito da experiência do próprio homem e não por intervenção de uma divindade. Cabe apenas ao ser humano estabelecer leis e relações entre os fenômenos que observa. Nega-se, portanto, tanto o politeísmo das primeiras sociedades quanto o monoteísmo, cuja expressão máxima é o cristianismo, cuja fonte foi o judaísmo.

Com o advento da modernidade, surge um novo centro de perspectiva e de interesse, o ser humano enquanto tal, o ser humano por si próprio. E ele é posto no centro do universo não em detrimento da humanidade, mas em prol de sua realização como ser social. Segundo a doutrina positivista, a nova grande religião é o respeito ao ser humano, à sua construção como ser, o culto à Humanidade. Quanto à divindade, esta tem seu lugar, não porque deseja, mas porque o ser humano sente necessidade, em suas limitações e em sua finitude, de um ser superior, de um deus.

Ciro Mioranza

Discurso Sobre o Espírito Positivo

Considerações fundamentais sobre a natureza e o destino do verdadeiro espírito filosófico - apreciação sumária da extrema importância social que apresenta hoje a propagação universal dos principais estudos positivos - aplicação especial desses princípios à ciência astronômica, de acordo com sua verdadeira posição enciclopédica.

Primeira Parte

O conjunto dos conhecimentos astronômicos, considerado muito isoladamente até aqui, não deve mais constituir doravante senão um dos elementos indispensáveis de um novo sistema indivisível de filosofia geral, gradualmente preparado pelo concurso espontâneo de todos os grandes trabalhos científicos próprios dos últimos três séculos e, finalmente, tendo atingido hoje sua verdadeira maturidade abstrata. Em virtude dessa íntima conexão, ainda muito pouco compreendida, a natureza e o destino deste Tratado não poderiam ser suficientemente apreciados, se este preâmbulo necessário não fosse consagrado sobretudo a definir convenientemente o verdadeiro espírito fundamental desta filosofia, cuja instalação universal deve, no fundo, se tornar o objetivo essencial de semelhante ensino. Como ela se distingue principalmente por uma contínua preponderância, a um tempo lógica e científica, do ponto de vista histórico ou social, devo em primeiro lugar, para melhor caracterizá-la, lembrar de modo sumário a grande lei que estabeleci, em meu Sistema de Filosofia Positiva, sobre a evolução total da Humanidade, lei à qual, por outro lado, nossos estudos astronômicos deverão em seguida recorrer com frequência.

De acordo com esta doutrina fundamental, todas as nossas especulações estão inevitavelmente sujeitas, tanto no indivíduo como na espécie, a passar sucessivamente por três estados teóricos diferentes, que as denominações habituais de teológico, metafísico e positivo podem aqui qualificar de modo suficiente para aqueles, pelo menos, que tiverem compreendido bem seu verdadeiro sentido geral. Embora, a princípio indispensável sob todos os aspectos, o primeiro estado deva ser doravante concebido sempre como puramente provisório e preparatório; o segundo, que é na realidade apenas a modificação dissolvente do anterior, nunca comporta mais que um simples destino transitório, a fim de conduzir gradualmente ao terceiro; e é neste, único plenamente normal, que consiste, em todos os gêneros, o regime definitivo da razão humana.

Em seu primeiro surto, necessariamente teológico, todas as nossas especulações manifestam espontaneamente uma predileção característica pelas questões mais insolúveis, sobre os assuntos mais radicalmente inacessíveis a toda investigação decisiva. Por um contraste que, em nossos dias, deve parecer de início inexplicável, mas que, no fundo, está então em plena harmonia com a verdadeira situação inicial de nossa inteligência, numa época em que o espírito humano está ainda abaixo dos mais simples problemas científicos, procura avidamente, e de uma maneira quase exclusiva, a origem de todas as coisas, as *causas essenciais, quer primárias quer finais, dos diversos fenômenos que o impressionam, e seu modo fundamental de produção, numa palavra, os conhecimentos absolutos. Essa necessidade primitiva se acha naturalmente satisfeita, tanto quanto o possa jamais ser, por nossa tendência a transportar por toda parte o tipo humano, assimilando todos e quaisquer fenômenos àqueles que nós próprios produzimos, os quais, a esse título, começam a parecer-nos bastante conhecidos, em virtude da intuição imediata que os acompanha. Para compreender bem o espírito puramente teológico, proveniente do desenvolvimento, cada vez mais sistemático* desse estado primordial, não se deve limitar-se a considerá-lo em sua última fase, *que se completa, sob nossos olhos, nas populações mais adiantadas, mas que está longe de ser a mais característica: torna--se indispensável lançar um olhar sobre o conjunto de sua marcha natural, a fim de apreciar sua identidade fundamental sob as três formas principais que lhe são sucessivamente próprias.*

A mais imediata e a mais pronunciada dessas formas constitui o fetichismo propriamente dito, que consiste sobretudo em atribuir a todos os corpos exteriores uma vida essencialmente análoga à nossa, mas quase sempre mais enérgica, em virtude de sua ação ge-

ralmente mais poderosa. A adoração dos astros caracteriza o grau mais elevado dessa primeira fase teológica que, no começo, quase não difere do estado mental em que se detêm os animais superiores. Embora essa primeira forma de filosofia teológica se manifeste com evidência na história intelectual de todas as nossas sociedades, ela não domina mais diretamente hoje senão na menos numerosa das três grandes raças que compõem nossa espécie.

Em sua segunda fase essencial, que constitui o verdadeiro politeísmo, muitas vezes confundido pelos modernos com o estado precedente, o espírito teológico representa nitidamente a livre preponderância especulativa da imaginação, ao passo que até então o instinto e o sentimento tinham sobretudo prevalecido nas teorias humanas. A filosofia inicial sofre nessa fase a mais profunda transformação que possa comportar o conjunto de seu destino real, por isso que nela a vida é enfim retirada dos objetos materiais, para ser misteriosamente transportada a diversos seres fictícios, habitualmente invisíveis, cuja intervenção ativa e contínua se torna daí em diante a fonte direta de todos os fenômenos humanos. É durante essa fase característica, mal apreciada hoje, que se deve principalmente estudar o espírito teológico, que nele se desenvolve com uma plenitude e uma homogeneidade ulteriormente impossíveis: essa época é, sob todos os aspectos, aquela de seu maior ascendente, ao mesmo tempo mental e social. A maioria de nossa espécie não saiu ainda de semelhante estado que persiste hoje na mais numerosa das três raças humanas, além de na elite da raça negra e na parte menos avançada da branca.

Na terceira fase teológica, o monoteísmo propriamente dito começa o inevitável declínio da filosofia inicial que, embora conserve por um longo tempo uma grande influência social, contudo mais aparente ainda do que real, sofre desde então rápido um rápido decréscimo intelectual, por uma consequência espontânea dessa simplificação característica na qual a razão restringe cada vez mais o domínio anterior da imaginação, permitindo desenvolver gradualmente o sentimento universal, até então quase insignificante, da sujeição necessária de todos os fenômenos naturais a leis invariáveis. Sob formas muito diversas e até radicalmente inconciliáveis, essa fase extrema do regime preliminar persiste ainda, com uma energia muito desigual, na imensa maioria da raça branca; mas, embora seja assim mais fá-

cil de ser observada, essas mesmas preocupações pessoais acarretam hoje um obstáculo muito frequente à sua judiciosa apreciação, por falta de uma comparação suficientemente racional e imparcial com as duas fases precedentes.

Por mais imperfeita que deva parecer agora semelhante maneira de filosofar, importa muito ligar de modo indissolúvel o estado atual do espírito humano ao conjunto de seus estados anteriores, reconhecendo convenientemente que ela devia ter sido por muito tempo tão indispensável como inevitável. Limitando-os aqui à simples apreciação intelectual, seria de início supérfluo insistir sobre a tendência involuntária que, mesmo hoje, nos arrasta todos evidentemente às explicações essencialmente teológicas, logo que queremos penetrar diretamente o mistério inacessível do modo fundamental de produção de fenômenos quaisquer, sobretudo daqueles cujas leis reais ainda ignoramos.

Os mais eminentes pensadores podem então constatar sua própria disposição natural para o mais ingênuo fetichismo, quando essa ignorância se acha combinada momentaneamente com alguma paixão pronunciada. Se, pois, todas as explicações teológicas experimentaram, entre os modernos ocidentais, um desuso crescente e decisivo, é unicamente porque as misteriosas investigações que elas tinham em vista foram cada vez mais afastadas como radicalmente inacessíveis à nossa inteligência, que se habituou gradualmente a substituí-las de modo irrevogável por estudos mais eficazes e mais em harmonia com nossas verdadeiras necessidades.

Mesmo numa época em que o verdadeiro espírito filosófico já tinha prevalecido em relação aos mais simples fenômenos e num assunto tão fácil como a teoria elementar do choque, o memorável exemplo de Malebranche lembrará sempre a necessidade de recorrer à intervenção direta e permanente de uma ação sobrenatural, todas as vezes que se tenta remontar à causa primeira de um acontecimento qualquer. Ora, por outro lado, essas tentativas, por mais pueris que pareçam justamente hoje, constituíam certamente o único meio primitivo de determinar o surto contínuo das especulações humanas, libertando de modo espontâneo nossa inteligência do círculo profundamente vicioso em que de início está necessariamente envolvida pela oposição radical de duas condições igualmente imperiosas. De fato, se os modernos tiveram de proclamar a impossibilidade de fundar qualquer teoria sólida a não ser sobre um concurso suficiente de observações adequadas, não é menos incontestável que o espírito humano não poderia jamais combinar, nem mesmo recolher, esses materiais indispensáveis, sem ser sempre dirigido por algumas ideias especulativas previamente estabelecidas. Assim, essas concepções primordiais só podiam, evidentemente, resultar de uma filosofia que prescindisse, por sua natureza, de qualquer preparação prolongada e suscetível, numa palavra, de surgir espontaneamente, sob o único impulso de um instinto direto, por mais quiméricas que devessem ser, por outro lado, especulações tão desprovidas de todo fundamento real. Esse é o feliz privilégio dos princípios teológicos, sem os quais devemos assegurar que nossa inteligência não poderia nunca sair de seu torpor inicial e que só eles puderam permitir, dirigindo sua atividade especulativa, preparar gradualmente um regime lógico melhor. Essa aptidão fundamental foi, de resto, poderosamente secundada pela predileção original do espírito humano pelas questões insolúveis, que essa filosofia primitiva sobretudo perseguia.

Não podíamos comensurar nossas forças mentais e, por conseguinte, circunscrever sabiamente seu destino, senão depois de tê-las suficientemente exercitado. Ora, esse exercício indispensável não podia ser de início determinado, sobretudo nas mais fracas faculdades de nossa natureza, sem o enérgico estímulo inerente a esses estudos, nos quais tantas inteligências mal cultivadas ainda persistem em procurar a mais pronta e a mais completa solução das questões diretamente usuais. Foi até mesmo preciso durante muito tempo, a fim de vencer suficientemente nossa inércia nativa, recorrer às poderosas ilusões que essa filosofia suscitava espontaneamente sobre o poder quase indefinido do homem para modificar a seu sabor um mundo então concebido como essencialmente ordenado para seu uso, e que nenhuma grande lei podia ainda subtrair à arbitrária supremacia das influências sobrenaturais. Há apenas três séculos que, na elite da Humanidade, as esperanças astrológicas e alquímicas, último vestígio científico desse espírito primitivo, deixaram realmente de servir para o acúmulo diário das observações correspondentes, como o indicaram respectivamente Kepler e Berthollet.

O concurso decisivo destes diversos motivos intelectuais seria, além disso, poderosamente fortalecido, se a natureza deste *Tratado me permitisse assinalar aqui suficientemente a influência irresistí-*

vel das altas necessidades sociais, que apreciei de modo conveniente na obra fundamental mencionada no início deste Discurso. Pode-se, em primeiro lugar, demonstrar assim em toda a sua plenitude como o espírito teológico deve ter sido por muito tempo indispensável à combinação permanente das ideias morais e políticas, ainda mais especialmente do que aquela de todas as outras, seja em virtude de sua complicação superior, seja porque os fenômenos correspondentes, primitivamente muito pouco pronunciados, só podiam adquirir um desenvolvimento característico após o avanço muito prolongado da civilização humana. É uma estranha inconsequência, apenas desculpável pela tendência cegamente crítica de nosso tempo, reconhecer, a parte dos antigos, a impossibilidade de filosofar sobre os assuntos mais simples a não ser maneira teológica e, não obstante, desconhecer, sobretudo entre os politeístas, a insuperável necessidade de adotar um regime análogo para as especulações sociais. Mas é preciso compreender, além disso, embora não o possa demonstrar aqui, que essa filosofia inicial não foi menos indispensável ao surgimento preliminar de nossa sociabilidade do que ao de nossa inteligência, seja para constituir primitivamente algumas doutrinas comuns, sem as quais o laço social não teria podido adquirir nem extensão nem consistência, seja para suscitar espontaneamente a única autoridade espiritual que pudesse então surgir.

Por mais sumárias que tivessem de ser aqui essas explicações gerais sobre a natureza provisória e o destino preparatório da única filosofia que convinha realmente à infância da Humanidade, elas permitem facilmente perceber que esse regime inicial difere muito profundamente, sob todos os aspectos, daquele que veremos corresponder à sua virilidade mental, para que a passagem gradual de um a outro pudesse operar-se originariamente, seja no indivíduo como na espécie, sem a assistência crescente de uma espécie de filosofia intermediária, essencialmente limitada a esse ofício transitório. Essa é a participação especial do espírito metafísico propriamente dito na evolução fundamental de nossa inteligência, que, antipática a toda mudança brusca, pode assim se elevar quase insensivelmente do estado puramente teológico ao estado francamente positivo, embora essa situação equívoca se aproxime, no fundo, muito mais do primeiro que do último. As especulações dominantes conservaram no estado metafísico o mesmo caráter essencial de tendência habitual aos conhecimentos absolutos: somente a solução sofreu nele uma transformação notável, própria a tornar mais fácil o surto das concepções positivas.

Como a teologia, com efeito, a metafísica tenta explicar sobretudo a natureza íntima dos seres, a origem e o destino de todas as coisas, o modo essencial de produção de todos os fenômenos; mas, em vez de empregar para isso os agentes sobrenaturais propriamente ditos, ela os substitui cada vez mais por essas *entidades ou abstrações personificadas, cujo uso, verdadeiramente característico, tem muitas vezes permitido designá-la sob a denominação de ontologia. É extremamente fácil observar hoje essa maneira de filosofar que, ainda preponderante em relação aos fenômenos mais complicados, oferece* frequentemente, mesmo nas teorias mais simples e menos atrasadas, tantos traços apreciáveis de seu longo domínio[1].

A eficácia histórica dessas entidades resulta diretamente de seu caráter equívoco, pois, em cada um desses seres metafísicos, inerentes ao corpo correspondente, sem se confundir com ele, o espírito pode, à vontade, conforme esteja mais próximo do estado teológico ou do estado positivo, ver uma verdadeira emanação do poder sobrenatural ou uma simples denominação abstrata do fenômeno considerado. Não é mais então a pura imaginação que domina e não é ainda a verdadeira observação; mas o raciocínio adquire nessa fase grande extensão e se prepara confusamente para o exercício verdadeiramente científico. Deve-se aliás notar que sua parte especulativa se acha a princípio muito exagerada, em virtude dessa obstinada tendência a argumentar em vez de observar, que, em todos os gêneros, caracteriza habitualmente o espírito metafísico, mesmo em seus mais eminentes órgãos. Uma ordem de concepções tão flexível, que não comporta absolutamente a consistência por tanto tempo apropriado ao sistema teológico, deve por outro lado atingir, muito mais rapidamente, a unidade correspondente, pela subordinação gradual das diversas entidades particulares a uma única entidade geral, a *natureza, destinada a determinar o fraco equivalente metafísico da vaga ligação universal operada pelo monoteísmo.*

Para compreender melhor, sobretudo em nossos dias, a eficá-

---

(1) Quase todas as explicações habituais relativas aos fenômenos sociais, a maioria daquelas que concernem ao homem intelectual e moral, uma grande parte de nossas teorias fisiológicas ou médicas, e mesmo também várias teorias químicas, etc., lembram ainda diretamente a estranha maneira de filosofar tão jocosamente caracterizada por Molière, sem nenhum grave exagero, a propósito, por exemplo, da *virtude dormitiva do ópio*, de conformidade com o abalo decisivo que Descartes acabava de fazer experimentar a todo o regime das entidades.

cia histórica de semelhante aparelho filosófico, importa reconhecer que, por sua natureza, ele não é suscetível espontaneamente senão de uma simples atividade crítica ou dissolvente, mesmo mental, e com mais forte razão social, sem poder jamais organizar nada que lhe seja próprio. Radicalmente inconsequente, esse espírito equívoco conserva todos os princípios fundamentais do sistema teológico, mas tirando-lhe cada vez mais esse vigor e essa fixidez indispensável à sua autoridade efetiva; é em semelhante alteração que consiste, de fato e sob todos os aspectos, sua principal utilidade passageira, quando o regime antigo, por muito tempo progressivo para o conjunto da evolução humana, tiver atingido inevitavelmente esse grau de prolongamento abusivo em que tende a perpetuar indefinidamente o estado de infância que havia dirigido de início com tanta felicidade.

A metafísica não é pois realmente, no fundo, senão uma espécie de teologia gradualmente enervada por simplificações dissolventes, que lhe tiram espontaneamente o poder direto de impedir o surgimento especial das concepções positivas, conservando-lhe, contudo, a aptidão provisória para entreter um certo exercício indispensável do espírito de generalização, até que este possa enfim receber melhor alimentação. Em virtude de seu caráter contraditório, o regime metafísico ou ontológico está sempre colocado nessa inevitável alternativa de tender a uma vã restauração do estado teológico para satisfazer as condições de ordem, ou de impelir a uma situação puramente negativa, a fim de escapar ao império opressivo da teologia.

Essa oscilação necessária, que só se observa agora em relação às teorias mais difíceis, existiu igualmente outrora a respeito mesmo das mais simples, enquanto durou sua idade metafísica, em virtude da impotência orgânica sempre peculiar a semelhante maneira de filosofar. Se a razão pública não a tivesse afastado desde muito tempo, com relação a certas noções fundamentais, não se deve temer assegurar que as dúvidas insensatas que ela suscitou, há vinte séculos, sobre a existência dos corpos exteriores, subsistiriam ainda essencialmente, porque na verdade ela nunca as dissipou por nenhum argumento decisivo. Pode-se, portanto, finalmente considerar o estado metafísico como uma espécie de doença crônica naturalmente inerente a nossa evolução mental, individual ou coletiva, entre a infância e a virilidade.

Como as especulações históricas não remontam quase nunca, entre os modernos, além dos tempos politeicos, o espírito metafísico deve parecer nelas quase tão antigo como o próprio espírito teológico, porquanto ele presidiu necessariamente, embora de uma maneira implícita, à transformação primitiva do fetichismo em politeísmo, a fim de substituir desde logo a atividade puramente sobrenatural que, retirada assim diretamente de cada corpo particular, devia deixar aí, de modo espontâneo, alguma entidade correspondente. Entretanto, como essa primeira revolução teológica não pôde dar então lugar a nenhuma verdadeira discussão, a intervenção contínua do espírito ontológico só começou a tornar-se plenamente característica na revolução seguinte, pela redução do politeísmo em monoteísmo, da qual ele deve ter sido o órgão natural. Sua influência crescente devia parecer orgânica a princípio, enquanto permanecia subordinado ao impulso teológico, mas sua natureza essencialmente dissolvente deve ter-se manifestado cada vez mais, quando tentou impelir gradualmente a simplificação da teologia para além mesmo do monoteísmo vulgar, que constituía, necessariamente, a fase extrema verdadeiramente possível da filosofia inicial. Foi assim que, durante os últimos cinco séculos, o espírito metafísico secundou negativamente o surto fundamental de nossa civilização moderna, decompondo pouco a pouco o sistema teológico, que se tornara finalmente retrógrado, desde que a eficácia social do regime monoteico estava essencialmente esgotada, no final da Idade Média. Infelizmente depois de ter cumprido, em cada gênero, esse oficio indispensável, mas passageiro, a ação demasiado prolongada das concepções ontológicas deve ter tendido sempre a impedir igualmente qualquer outra organização real do sistema especulativo, de modo que o mais perigoso obstáculo à instalação final de uma verdadeira filosofia resulta, com efeito, hoje, desse mesmo espírito a que ainda se atribui muitas vezes o privilégio quase exclusivo das meditações filosóficas.

Essa longa sucessão de preâmbulos necessários conduz enfim nossa inteligência, gradualmente emancipada, a seu estado definitivo de positividade racional, que deve ser caracterizado aqui de uma maneira mais especial que os dois estados preliminares. Esses exercícios preparatórios, ao constatarem espontaneamente a inanidade radical das explicações vagas e arbitrárias próprias à filosofia inicial, quer teológica, quer metafísica, o espírito humano renuncia de ora em diante às pesquisas absolutas que só convinham à sua infância e circunscreve seus esforços no domínio, desde então rapidamente progressivo, da verdadeira observação, única base possível dos conhecimentos realmente acessíveis, sabiamente adaptados às nossas necessidades reais. A lógica especulativa tinha até então consistido em raciocinar, de uma maneira mais ou menos sutil, segundo princípios confusos que, não comportando nenhuma prova suficiente, suscitavam sempre debates sem resultado. Ela já reconhece praticamente, como regra fundamental, que toda proposição que não é estreitamente redutível à simples enunciação de um fato, particular ou geral, não pode oferecer nenhum sentido real e inteligível. Os princípios que ela emprega não passam em si mesmos de verdadeiros fatos, somente mais gerais e mais abstratos que aqueles cuja ligação devem formar. Qualquer que seja, aliás, o modo racional ou experimental de proceder à sua descoberta, é sempre de sua conformidade, direta ou indireta, com os fenômenos observados que resulta exclusivamente sua eficácia científica. A pura imaginação perde então irrevogavelmente sua antiga supremacia mental e se subordina necessariamente à observação, de maneira a constituir um estado lógico plenamente normal, sem deixar contudo de exercer, nas especulações positivas, um papel tão capital como inesgotável, para criar ou aperfeiçoar os meios de ligação, seja definitiva, seja provisória. Numa palavra, a revolução fundamental que caracteriza a virilidade de nossa inteligência consiste essencialmente em substituir, por toda parte, a inacessível determinação das *causas propriamente ditas* pela simples pesquisa das leis, isto é, das relações constantes que existem entre os fenômenos observados. Que se trate dos menores ou dos mais sublimes efeitos, do choque e da gravidade, como do pensamento e da moralidade, deles não podemos verdadeiramente conhecer senão as diversas ligações mútuas próprias à sua realização, sem jamais penetrar o mistério de sua produção.

Não somente nossas pesquisas positivas devem se reduzir, em todos os gêneros, à apreciação sistemática daquilo que é, renunciando a descobrir sua primeira origem e seu destino final; mas importa, além disso, compreender que esse estudo dos fenômenos, em lugar de poder tornar-se de qualquer modo absoluto, deve sempre permanecer relativo à nossa organização e à nossa situação. Reconhecendo, sob esse duplo aspecto, a imperfeição necessária de nossos diversos meios especulativos, vemos que, longe de podermos estudar completamente qualquer existência efetiva, não poderíamos sequer garantir a possibilidade de constatar assim, mesmo de modo muito superficial, todas as existências reais, das quais a maior parte talvez nos deva escapar totalmente. Se a perda de um sentido importante basta para nos ocultar radicalmente uma ordem inteira de fenômenos naturais, é perfeitamente razoável pensar, reciprocamente, que a aquisição de um novo sentido nos desvendaria uma classe de fatos dos quais não temos agora nenhuma ideia, a não ser que acreditemos que a acuidade dos sentidos, tão diferente entre os principais tipos de animalidade, se acha elevada em nosso organismo no mais alto grau que possa exigir a exploração total do mundo exterior, suposição evidentemente gratuita e quase ridícula. Nenhuma ciência pode manifestar melhor do que a astronomia essa natureza necessariamente relativa de todos os nossos conhecimentos reais, porquanto, não podendo realizar-se nela a investigação dos fenômenos senão através de um único sentido, é muito fácil apreciar aí as consequências especulativas de sua supressão ou de sua simples alteração. Nenhuma astronomia poderia existir numa espécie cega, por mais inteligente que a supuséssemos, nem mesmo com relação aos astros que são talvez os mais numerosos, nem mesmo se somente a atmosfera através da qual observamos os corpos celestes permanecesse sempre e por toda parte nebulosa. Todo o curso deste *Tratado vai nos oferecer* frequentes ocasiões de apreciarmos espontaneamente, da maneira menos equívoca, essa íntima dependência em que o conjunto de nossas condições próprias, tanto interiores como exteriores, retém inevitavelmente cada um de nossos estudos positivos.

Para caracterizar de modo suficiente essa natureza necessariamente relativa de todos os nossos conhecimentos reais, importa reconhecer, além disso, do ponto de vista mais filosófico, que, se quaisquer de nossas concepções devem ser consideradas em si como outros tantos fenômenos humanos, esses fenômenos não são simplesmente individuais, mas também e sobretudo sociais, pois resultam, com efeito, de uma evolução coletiva e contínua, cujos elementos todos e todas as fases estão essencialmente conectados. Se, pois, sob o primeiro aspecto, reconhecemos que nossas especulações devem depender sempre das diversas condições essenciais de nossa existência individual, deve-se igualmente admitir, sob o segundo, que não são menos subordinadas ao conjunto da progressão social de modo a não poderem comportar jamais essa fixidez absoluta que os metafísicos supuseram. Ora, a lei geral do movimento fundamental da Humanidade consiste, a esse respeito, em que nossas teorias tendem cada vez mais a representar exatamente os objetos exteriores de nossas constantes investigações, sem que, contudo, a verdadeira constituição de cada um deles possa, em caso algum, ser plenamente apreciada, pois a perfeição científica deve se restringir a aproximar-se desse limite ideal, tanto quanto o exijam nossas diversas necessidades reais. Esse segundo gênero de dependência, peculiar às especulações positivas, se manifesta tão claramente como o primeiro em todo o curso dos estudos astronômicos, quando consideramos, por exemplo, a sequência das noções cada vez mais satisfatórias, obtidas desde a origem da geometria celeste, sobre a figura da terra, sobre a forma das órbitas planetárias etc. Assim, embora, de um lado, as doutrinas científicas sejam necessariamente de uma natureza bastante móvel para dever afastar qualquer pretensão ao absoluto, suas variações graduais não apresentam, por outro lado, nenhum caráter arbitrário que possa motivar um ceticismo ainda mais perigoso; cada mudança sucessiva conserva, aliás, espontaneamente, nas teorias correspondentes, uma aptidão indefinida para representar os fenômenos que lhes serviram de base, pelo menos enquanto não se deva nelas ultrapassar o grau primitivo de precisão efetiva.

Depois que a subordinação constante da imaginação à observação foi unanimemente reconhecida como a primeira condição fundamental de toda sã especulação científica, uma viciosa interpretação conduziu muitas vezes a abusar muito desse grande princípio lógico, para fazer a ciência real degenerar numa espécie de acúmulo estéril de fatos incoerentes, sem oferecer essencialmente outro mérito senão o da exatidão parcial. Importa, pois, compreender bem que o verdadeiro espírito positivo não está menos afastado, no fundo, do empirismo como do misticismo; é entre essas duas aberrações, igualmente funestas, que ele deve sempre caminhar: a necessidade de semelhante reserva contínua, tão difícil como importante, bastaria, por outro lado, para verificar, de acordo com nossas explicações iniciais, quanto a verdadeira positividade deve ser maduramente preparada, de maneira a não poder, de forma alguma, convir ao estado nascente da Humanidade. É nas leis dos fenômenos que consiste realmente a ciência, à qual os fatos propriamente ditos, por mais exatos e numerosos que sejam, nunca fornecem senão os materiais indispensáveis.

Ora, considerando o destino constante dessas leis, podemos dizer, sem nenhum exagero, que a verdadeira ciência, muito longe de ser formada por simples observações, tende sempre a dispensar, tanto quanto possível, a exploração direta, substituindo-a por essa previsão racional, que constitui, sob todos os aspectos, o principal caráter do espírito positivo, como o conjunto dos estudos astronômicos nos vai mostrá-lo claramente. Semelhante previsão, consequência necessária das relações constantes descobertas entre os fenômenos, jamais permitirá confundir a *ciência real com essa vã erudição que acumula maquinalmente fatos sem aspirar a deduzi-los uns dos outros. Esse grande atributo de todas as nossas sadias especulações importa tanto à sua utilidade efetiva como à sua própria dignidade, pois a exploração direta dos fenômenos ocorridos não poderia ser suficiente para nos permitir modificar sua realização, se não nos conduzisse a prevê-la convenientemente. Assim, o genuíno espírito positivo consiste sobretudo em ver para prever, em estudar o que é, a fim de concluir o que será, segundo o dogma geral da invariabilidade das leis naturais*[2].

Esse princípio fundamental de toda a filosofia positiva, sem estar ainda muito próximo de ser suficientemente estendido ao conjunto dos fenômenos, começa felizmente, há três séculos, a tornar-se de tal modo familiar que, em virtude dos hábitos absolutos anteriormente enraizados, se tem quase sempre desconhecido até aqui sua verdadeira origem, tentando-se pelo emprego de uma vã e confusa argumentação metafísica representá-lo como uma espécie de noção inata, ou pelo menos primitiva, quando certamente só pôde resultar de uma lenta indução gradual, ao mesmo tempo coletiva e individual. Nenhum motivo racional, independente de qualquer exploração exterior, nos sugere de antemão a invariabilidade das relações físicas; mas é incontestável, pelo contrário, que o espírito humano experimenta, durante sua longa infância, um pendor muito vivo para desconhecê-la, mesmo onde uma observação imparcial haveria de manifestá-la a ele, se não fosse então arrastado por sua tendência

---

(2) Sobre essa apreciação geral do espírito e da marcha peculiares ao método positivo, pode-se estudar, com muito fruto, a preciosa obra intitulada *A system of logic, rationative and inductive*, recentemente publicada em Londres (John Parker, Weat Strand, 1843), por meu eminente amigo John Stuart Mill, que se associou assim plenamente doravante à fundação direta da nova filosofia. Os sete últimos capítulos do tomo primeiro contêm uma admirável exposição dogmática, tão profunda quanto luminosa, da lógica indutiva, que não poderá nunca, ouso assegurá-lo, ser mais bem concebida, nem mais bem caracterizada, considerando-a do ponto de vista em que o autor se colocou.

necessária a referir todos os acontecimentos, especialmente os mais importantes, a vontades arbitrárias. Em cada ordem de fenômenos existem, sem dúvida, alguns bastante simples e bastante familiares para que sua observação espontânea tenha sugerido sempre o sentimento confuso e incoerente de uma certa regularidade secundária, de modo que o ponto de vista puramente teológico nunca pôde ser rigorosamente universal. Mas esta convicção parcial e precária se limita por muito tempo aos fenômenos menos numerosos e mais subalternos, que ela não pode mesmo, de nenhum modo, preservar então das frequentes perturbações atribuídas à intervenção preponderante dos agentes sobrenaturais.

O princípio da invariabilidade das leis naturais só começa realmente a adquirir alguma consistência filosófica quando os primeiros trabalhos verdadeiramente científicos puderam manifestar sua exatidão essencial com relação a uma ordem inteira de grandes fenômenos, o que não podia resultar, de maneira suficiente, senão da fundação da astronomia matemática, durante os últimos séculos do politeísmo. Em virtude dessa introdução sistemática, esse dogma fundamental tendeu, sem dúvida, a estender-se, por analogia, a fenômenos mais complicados, antes mesmo de que suas leis próprias pudessem ser de algum modo conhecidas. Mas além de sua esterilidade efetiva, essa vaga antecipação lógica tinha então muito pouca energia para resistir convenientemente à ativa supremacia mental que as ilusões teológico-metafísicas ainda conservavam. Um primeiro esboço especial do estabelecimento das leis naturais em relação a cada ordem principal de fenômenos tornou-se em seguida indispensável para proporcionar a semelhante noção a força inabalável que começa a apresentar nas ciências mais avançadas.

Essa convicção não poderia mesmo tornar-se bastante firme, enquanto semelhante elaboração não fosse verdadeiramente estendida a todas as especulações fundamentais, pois a incerteza deixada pelas mais complexas devia afetar então, mais ou menos, cada uma das outras. Não se pode desconhecer essa tenebrosa reação, mesmo hoje, quando, em virtude da ignorância ainda habitual relativa às leis sociológicas, o princípio da invariabilidade das relações físicas permanece algumas vezes sujeito a graves alterações, até nos estudos puramente matemáticos, nos quais vemos, por exemplo, preconizar-se diariamente um pretenso cálculo das probabilidades, que supõe implicitamente a ausência de toda lei real a respeito de certos acontecimentos, sobretudo quando o homem neles intervém. Mas, quando essa universal extensão está convenientemente esboçada, condição ora preenchida pelos espíritos mais avançados, esse grande princípio filosófico adquire logo uma plenitude decisiva, embora as leis efetivas da maioria dos casos particulares devam ficar por muito tempo ignoradas; porque uma irresistível analogia aplica então previamente a todos os fenômenos de cada ordem o que não foi constatado senão para alguns dentre eles, contanto que tenham uma importância conveniente.

Depois de haver considerado o espírito positivo relativamente aos objetos exteriores de nossas especulações, deve-se terminar de caracterizá-lo, apreciando também seu destino interior, para a satisfação contínua de nossas próprias necessidades, seja concernentes à vida contemplativa, seja à vida ativa.

Embora as necessidades puramente mentais sejam, sem dúvida, as menos enérgicas de todas aquelas inerentes à nossa natureza, sua existência direta e permanente é contudo incontestável em todas as inteligências: elas constituem o primeiro estímulo indispensável a nossos diversos esforços filosóficos, muitas vezes atribuídos sobretudo aos impulsos práticos que os desenvolvem muito, é verdade, mas não poderiam fazê-los surgir. Essas exigências intelectuais, relativas, como todas as outras, ao exercício regular das funções correspondentes, reclamam sempre uma feliz combinação de estabilidade e de atividade, de onde resultam as necessidades simultâneas de ordem e de progresso, ou de ligação e de extensão. Durante a longa infância da Humanidade, só as concepções teológico-metafísicas podiam, conforme nossas explicações anteriores, satisfazer provisoriamente a essa dupla condição fundamental, embora de uma maneira extremamente imperfeita. Mas quando a razão humana está finalmente bastante amadurecida para renunciar francamente às especulações inacessíveis e circunscrever com sabedoria sua atividade no domínio verdadeiramente apreciável a nossas faculdades, a filosofia positiva lhe proporciona certamente uma satisfação muito mais completa, sob todos os aspectos, e também mais real, dessas duas necessidades elementares.

Essa é evidentemente, com efeito sob esse novo aspecto, o destino direto das leis que ela descobre sobre os diversos fenômenos e da previsão racional que lhes é inseparável. Em relação a cada ordem de acontecimentos, essas leis devem, a esse respeito, ser distinguidas em duas espécies, conforme ligam por semelhança os que coexistem, ou por filiação os que se sucedem. Essa indispensável distinção corresponde essencialmente, para o mundo exterior, àquela que ele sempre nos oferece espontaneamente entre os dois estados correlatos de existência e de movimento; de onde resulta, em toda ciência real, uma indiferença fundamental entre a apreciação *estática e a apreciação dinâmica de qualquer assunto. Os dois gêneros de relações contribuem igualmente para explicar os fenômenos e conduzem de modo semelhante a prevê-los, embora as leis de harmonia pareçam a princípio destinadas sobretudo à explicação e as leis de sucessão à previsão. Quer se trate, com efeito, de explicar ou de prever, tudo se reduz sempre a ligar: toda ligação real, aliás estática ou dinâmica, descoberta entre dois fenômenos quaisquer, permite ao mesmo tempo explicá-los e prevê-los um pelo outro, porque a previsão científica convém evidentemente ao presente, e mesmo ao passado, assim como ao futuro, consistindo sem cessar em conhecer um fato independentemente de sua exploração direta, em virtude de suas relações com outros já conhecidos... Assim, por exemplo, a assimilação demonstrada entre a gravitação celeste e o peso terrestre conduziu, em virtude das variações pronunciadas da primeira, a prever as fracas variações da segunda, que a observação imediata não podia desvendar suficientemente, ainda que as tenha em seguida confirmado; de igual modo, em sentido inverso, a correspondência observada antigamente entre o período elementar das marés e o dia lunar se revelou explicada logo que se reconheceu a elevação das águas em cada ponto como resultante da passagem da lua pelo meridiano local.*

Todas as nossas verdadeiras necessidades lógicas convergem, portanto, essencialmente para esse comum destino: consolidar, tanto quanto possível, por nossas especulações sistemáticas, a unidade espontânea de nosso entendimento, constituindo a continuidade e a homogeneidade de nossas diversas concepções, de maneira a satisfazer igualmente as exigências simultâneas da ordem e do progresso, fazendo-nos reencontrar a constância no meio da variedade. Ora, é evidente que, sob esse aspecto fundamental, a filosofia positiva comporta necessariamente, nos espíritos bem preparados, uma aptidão muito superior àquela que jamais pôde oferecer a filosofia teológico-metafísica. Considerando esta mesmo nos tempos de seu maior ascendente, tanto mental como social, isto é, no estado politeico, a unidade intelectual se encontrava então certamente constituída de maneira muito menos completa e menos estável do que há de permitir em breve a universal preponderância do espírito positivo, quando for finalmente estendido habitualmente às mais eminentes especulações. Então, com efeito, reinará por toda parte, sob diversos modos e em diferentes graus, essa admirável constituição lógica, da qual só os estudos mais simples nos podem dar hoje uma justa ideia, em que a ligação e a extensão, ambas plenamente garantidas, se encontram, além disso, espontaneamente solidárias.

Esse grande resultado filosófico não exige, aliás, outra condição necessária a não ser a obrigação permanente de restringir todas as nossas especulações às pesquisas verdadeiramente acessíveis, considerando essas relações reais, tanto de semelhança como de sucessão, como capazes apenas de constituir para nós simples fatos gerais, que se deve sempre procurar reduzir ao menor número possível, sem que o mistério de sua produção jamais possa ser penetrado de modo algum, conforme o caráter fundamental do espírito positivo. Mas essa constância efetiva das ligações naturais só nos é verdadeiramente apreciável por nós, só ela também basta plenamente a nossas verdadeiras necessidades, seja de contemplação, seja de direção.

Não importa, contudo, reconhecer, em princípio, que, sob o regime positivo, a harmonia de nossas concepções se acha necessariamente limitada, até certo ponto, pela obrigação fundamental de sua realidade, isto é, de uma suficiente conformidade com tipos independentes de nós. Em seu cego instinto de ligação, nossa inteligência aspira a poder quase sempre ligar entre si dois fenômenos quaisquer, simultâneos ou sucessivos; mas o estudo do mundo exterior demonstra, ao contrário, que muitas dessas aproximações seriam puramente quiméricas e que uma multidão de acontecimentos se realiza continuamente sem nenhuma verdadeira dependência mútua, de modo que esse pendor indispensável necessita, como nenhum outro, ser regulado por uma sadia apreciação geral. Durante muito tempo habituado a uma espécie de unidade de doutrina, por mais vaga e ilusória que devesse ser, sob o império das ficções teológicas e das entidades metafísicas, o espírito humano, passando para o estado positivo, tentou primeiramente reduzir as diversas ordens de fenômenos a uma única lei comum. Mas todos os ensaios realizados durante os dois últimos séculos para obter uma explicação universal da natureza, apenas conseguiram desacreditar radicalmente esse empreendimento, doravante abandonado às inteligências mal cultivadas.

Uma judiciosa exploração do mundo exterior o representou como sendo muito menos ligado do que o supõe ou o deseja nosso entendimento, predisposto por sua própria fraqueza a multiplicar relações favoráveis à sua marcha e sobretudo a seu repouso. Não somente as seis categorias fundamentais que distinguiremos mais adiante entre os fenômenos naturais não poderiam ser todas certamente submetidas a uma única lei universal, como também podemos assegurar agora que a unidade de explicação, ainda procurada por tantos espíritos sérios em relação a cada uma delas tomada à parte, nos é finalmente interdita, mesmo nesse domínio muito mais restrito. A astronomia fez nascer, sob esse aspecto, esperanças demasiado empíricas que nunca se poderiam realizar para os fenômenos mais complicados, nem mesmo somente quanto à física propriamente dita, cujos cinco ramos principais ficarão sempre distintos entre si, apesar de suas incontestáveis relações. Com frequência estamos dispostos a exagerar muito os inconvenientes lógicos dessa dispersão necessária, porque apreciamos mal as vantagens reais que apresenta a transformação das induções em deduções. Entretanto, deve-se francamente reconhecer essa impossibilidade direta de reduzir tudo a uma única lei positiva como uma grave imperfeição, consequência inevitável da condição humana, que nos força a aplicar uma inteligência muito fraca a um universo muito complicado.

Mas essa incontestável necessidade, que importa reconhecer, a fim de evitar todo vão desperdício de forças mentais, não impede de modo algum a ciência real de comportar, sob outro aspecto, uma suficiente unidade filosófica, equivalente àquelas que passageiramente constituíram a teologia ou a metafísica, e aliás, muito superior, tanto em estabilidade como em plenitude. Para perceber-lhe a possibilidade e apreciar-lhe a natureza, é preciso primeiramente recorrer à luminosa distinção geral esboçada por Kant entre os dois pontos de vista *objetivo e subjetivo, peculiares a qualquer estudo. Considerada sob o primeiro aspecto, isto é, quanto ao destino exterior de nossas teorias, como exata representação do mundo real, nossa ciência não é certamente suscetível de uma plena sistematização, em virtude de uma inevitável diversidade entre os fenômenos fundamentais. Nesse sentido, não devemos procurar outra unidade senão a do método positivo visto em seu conjunto, sem pretender uma verdadeira unidade científica, aspirando somente à homogeneidade e à convergência das diferentes doutrinas. É totalmente diferente sob o outro aspecto, isto é, quanto à origem interior das teorias humanas, consideradas como resultados naturais de nossa evolução mental, ao mesmo tempo individual e coletiva, destinadas à satisfação normal de nossas próprias necessidades de qualquer espécie. Referidos assim, não ao universo, mas ao homem, ou antes à Humanidade, nossos conhecimentos reais tendem, ao revés, com evidente espontaneidade, para uma completa sistematização, tanto científica como lógica. Não devemos mais então conceber, no fundo, senão uma única ciência, a ciência humana, ou mais exatamente, social, da qual nossa existência constitui ao mesmo tempo o princípio e o fim, e na qual vem naturalmente fundir-se o estudo racional do mundo exterior, sob o duplo título de elemento necessário e de preâmbulo fundamental, igualmente indispensável quanto ao método e quanto à doutrina, como explicarei mais adiante. É só assim que nossos conhecimentos positivos podem formar um verdadeiro sistema, de modo a oferecer um caráter plenamente satisfatório.*

A própria Astronomia, ainda que objetivamente mais perfeita do que os outros ramos da filosofia natural, em razão de sua simplicidade superior, não é verdadeiramente tal senão sob esse aspecto humano, porque o conjunto deste Tratado fará sentir nitidamente que ela deveria, pelo contrário, ser julgada muito imperfeita se a referíssemos ao universo e não ao homem; pois todos os nossos estudos reais são aí necessariamente limitados a nosso mundo que, entretanto, constitui apenas um elemento mínimo do universo, cuja exploração nos é essencialmente interdita. Essa é, pois, a disposição geral que deve finalmente prevalecer na filosofia verdadeiramente positiva, não só quanto às teorias diretamente relativas ao homem e à sociedade, mas também em relação às que dizem respeito aos mais simples fenômenos, aos mais afastados, em aparência, dessa comum apreciação: conceber todas as nossas especulações como produtos de nossa inteligência, destinados a satisfazer às nossas diversas necessidades essenciais, sem se afastarem nunca do homem senão para melhor voltarem a ele, depois de ter estudado os outros fenômenos enquanto indispensáveis ao conhecimento, seja para desenvolver nossas forças, seja para apreciar nossa natureza e nossa condição. Pode-se desde então perceber como a noção preponderante da Humanidade deve necessariamente constituir, no estado positivo, uma plena sistematização mental, pelo menos equivalente àquela que finalmente tinha comportado a idade teológica segundo a grande concepção de Deus, tão fracamente substituída em seguida, a esse respeito, durante a transição metafísica, pelo vago pensamento da natureza.

Depois de ter assim caracterizado a aptidão espontânea do espírito positivo para constituir a unidade final de nosso entendimento, torna-se fácil completar essa explicação fundamental, estendendo-a do indivíduo à espécie. Essa indispensável extensão era até agora essencialmente impossível aos filósofos modernos que, não tendo podido sair eles próprios de modo suficiente do estado metafísico, nunca se integraram ao ponto de vista social, único suscetível contudo de uma plena realidade, tanto científica como lógica, porquanto o homem não se desenvolve isoladamente, mas coletivamente. Afastando, como radicalmente estéril, ou antes profundamente prejudicial, essa viciosa abstração de nossos psicólogos ou ideólogos, a tendência sistemática que acabamos de apreciar no espírito positivo adquire enfim toda a sua importância, porque mostra nele o verdadeiro fundamento filosófico da sociabilidade humana, enquanto pelo menos esta depende da inteligência, cuja influência capital, embora de nenhum modo exclusiva, não poderia ser aí constatada. É, de fato, o mesmo problema humano, com diversos graus de dificuldade, o de constituir a unidade lógica de cada entendimento isolado ou de estabelecer uma convergência duradoura entre entendimentos distintos, cujo número não poderia essencialmente influir senão sobre a rapidez da operação. Por isso, em qualquer tempo, aquele que pôde tornar-se suficientemente consequente adquiriu, por isso mesmo, a faculdade de reunir gradualmente os outros, em virtude da semelhança fundamental de nossa espécie.

A filosofia teológica não foi, durante a infância da Humanidade, a única própria para sistematizar a sociedade senão por ser então a fonte exclusiva de certa harmonia mental. Se, portanto, o privilégio da coerência lógica já passou ao espírito positivo, o que não pode ser praticamente de modo sério contestado, cumpre desde então reconhecer também nele o único princípio efetivo dessa grande comunhão intelectual que se torna a base necessária de toda verdadeira associação humana, quando convenientemente ligada às duas outras condições fundamentais, uma suficiente conformidade de sentimentos e uma certa convergência de interesses. A deplorável situação filosófica da elite da Humanidade bastaria hoje para dispensar, a esse respeito, qualquer discussão, porquanto nele não se observa mais verdadeira comunidade de opiniões senão sobre os assuntos já reduzidos a teorias positivas e que, infelizmente, não são, antes muito pelo contrário, os mais importantes. Uma apreciação direta e especial, que seria deslocada aqui, faz aliás perceber facilmente que só a filosofia positiva pode realizar gradualmente esse nobre projeto de associação universal que o catolicismo havia prematuramente esboçado na Idade Média, mas que era, no fundo, necessariamente incompatível, como a experiência o constatou plenamente, com a natureza teológica de sua filosofia, a qual instituía uma coerência lógica muito fraca para comportar semelhante eficácia social.

Estando a aptidão fundamental do espírito positivo já bastante caracterizada em relação à vida especulativa, só nos resta apreciá-la também em relação à vida ativa que, sem poder mostrar nele nenhuma propriedade verdadeiramente nova, manifesta, de maneira muito mais completa e sobretudo mais decisiva, o conjunto dos atributos que lhe reconhecemos. Embora as concepções teológicas tenham sido, mesmo sob esse aspecto, por muito tempo necessárias, a fim de despertar e sustentar o ardor do homem pela esperança indireta de uma espécie de império ilimitado, foi, entretanto, a esse respeito que o espírito humano teve de testemunhar de início sua predileção final pelos conhecimentos reais. É sobretudo, com efeito, como base racional da ação da Humanidade sobre o mundo exterior que o estudo positivo da natureza começa hoje a ser universalmente estimado. Nada é mais sensato, no fundo, do que esse julgamento vulgar e espontâneo, pois, semelhante destino, quando convenientemente apreciado, lembra necessariamente, num resumo muito feliz, todos os grandes caracteres do verdadeiro espírito filosófico, não só quanto à racionalidade mas também quanto à positividade. A ordem natural resultante, em cada caso prático, do conjunto das leis dos fenômenos correspondentes, deve evidentemente nos ser primeiramente bem conhecida para que possamos modificá-la em nossa vantagem ou, pelo menos, adaptar a ela nossa conduta, se qualquer intervenção humana for impossível intervirmos nela, como se dá em relação aos acontecimentos celestes.

Essa aplicação é especialmente própria para tornar familiarmente apreciável essa previsão racional que vimos constituir, sob todos os aspectos, o principal caráter da verdadeira ciência, pois, a pura erudição, onde os conhecimentos, reais mas incoerentes, consistem em fatos e não em leis, não poderia evidentemente bastar para dirigir nossa atividade: seria supérfluo insistir aqui sobre uma explicação tão pouco contestável. É verdade que a exorbitante preponderância concedida agora aos interesses materiais conduziu com grande frequência o homem a compreender essa ligação necessária de modo a comprometer gravemente o futuro científico, tendendo a restringir as especulações positivas somente às pesquisas de uma utilidade imediata. Mas essa cega disposição resulta apenas de uma maneira falsa e estreita de conceber a grande relação entre a ciência e a arte, por não se ter apreciado com bastante profundidade uma e outra.

O estudo da astronomia é o mais próprio de todos para retificar semelhante tendência, seja porque sua simplicidade superior permite perceber melhor o conjunto, seja em virtude da espontaneidade mais íntima das aplicações correspondentes que, há vinte séculos, se encontram evidentemente ligadas as mais sublimes especulações, como este *Tratado o fará claramente compreender. Mas importa sobretudo reconhecer muito bem, a esse respeito, que a relação fundamental entre a ciência e a arte não pôde até agora ser convenientemente concebida, mesmo pelos melhores espíritos, por uma* consequência necessária da extensão insuficiente da filosofia natural que permanece ainda estranha às pesquisas mais importantes e mais difíceis, aquelas que dizem respeito diretamente à sociedade humana. Com efeito, a concepção racional da ação do homem sobre a natureza ficou assim essencialmente limitada ao mundo inorgânico, de onde resultaria uma excitação científica demasiado imperfeita. Quando essa imensa lacuna tiver sido suficientemente preenchida, como começa a sê-lo hoje, poder-se-á sentir a importância fundamental desse grande destino prático para estimular habitualmente e muitas vezes mesmo para dirigir melhor as mais eminentes especulações, sob a única condição de uma constante positividade.

De fato, a arte não será mais então unicamente geométrica, mecânica ou química etc., mas também e sobretudo política e moral, devendo a principal ação exercida pela Humanidade consistir, sob todos os aspectos, no melhoramento contínuo de sua própria natureza, individual ou coletiva, entre os limites que o conjunto das leis reais indica, como em qualquer outro caso. Quando essa solidariedade espontânea da ciência com a arte puder ser assim convenientemente organizada, não se pode duvidar que, muito longe de tender a restringir de qualquer modo as sadias especulações filosóficas, ela lhes consignará, ao contrário, um destino final muito superior a seu alcance efetivo, se não se tivesse reconhecido de antemão, como princípio geral, a impossibilidade de jamais tornar a arte puramente racional, isto é, de elevar nossas previsões teóricas ao verdadeiro nível de nossas necessidades práticas. Mesmo nas artes mais simples e mais perfeitas, um desenvolvimento direto e espontâneo permanece constantemente indispensável, sem que as indicações cientificas possam, em nenhum caso, substituir isso completamente. Por mais satisfatórias, por exemplo, que se tenham tornado nossas previsões astronômicas, sua precisão é ainda, e será provavelmente sempre, inferior a nossas justas exigências práticas, como terei muitas vezes ocasião de indicá-lo.

Essa tendência espontânea para constituir diretamente uma inteira harmonia entre a vida especulativa e a vida ativa deve ser finalmente considerada como o privilégio mais feliz do espírito positivo, pois nenhuma outra de suas propriedades pode manifestar tão bem o verdadeiro caráter e facilitar o ascendente real. Nosso ardor especulativo se encontra assim sustentado, e mesmo dirigido, por um poderoso estímulo contínuo, sem o qual a inércia natural de nossa inteligência o disporia muitas vezes a satisfazer suas fracas necessidades teóricas por explicações fáceis, mas insuficientes, ao passo que o pensamento da ação final relembra sempre a condição de conveniente precisão. Ao mesmo tempo, esse grande destino prático completa e circunscreve, em cada caso, a prescrição fundamental relativa à descoberta das leis naturais, tendendo a determinar, de acordo com as exigências da aplicação, o grau de precisão e de extensão de nossa previdência racional, cuja exata medida não poderia, em geral, ser fixada de outro modo.

Se, por um lado, a perfeição científica não pudesse ultrapassar esse limite, abaixo do qual, ao contrário, há de realmente ficar sempre, não poderia, por outro lado, transpô-lo sem cair logo numa apreciação demasiado minuciosa, não menos quimérica que estéril, e que finalmente comprometeria mesmo todos os fundamentos da verdadeira ciência, porquanto nossas leis não podem nunca representar os fenômenos senão com uma certa aproximação, além da qual seria tão perigoso como inútil levar nossas pesquisas. Quando essa relação fundamental da ciência com a arte for convenientemente sistematizada, tenderá algumas vezes, sem dúvida, a desacreditar tentativas teóricas cuja esterilidade radical seria incontestável; mas, longe de oferecer qualquer inconveniente real, essa inevitável disposição se tornará desde então muito favorável a nossos verdadeiros interesses especulativos, impedindo esse vão desperdício de nossas fracas forças mentais que resulta muito frequentemente hoje de uma cega especialização. Na evolução preliminar do espírito positivo, teve de apegar-se por toda parte a quaisquer questões que se tornavam acessíveis a ele, sem indagar muito de sua importância final, derivada de sua relação própria com um conjunto que, a princípio, não podia ser percebido. Mas esse instinto provisório, sem o qual teria faltado muitas vezes o alimento conveniente da ciência, deve acabar por se subordinar habitualmente a uma justa apreciação sistemática, logo que a plena maturidade do estado positivo tiver permitido perceber suficientemente as verdadeiras relações de cada parte com o todo, de modo a oferecer constantemente um amplo destino às mais eminentes pesquisas, evitando, entretanto, toda especulação pueril.

A propósito dessa íntima harmonia entre a ciência e a arte, importa por fim notar especialmente a feliz tendência que dela resulta para desenvolver e consolidar o ascendente social da sã filosofia, como consequência espontânea da vida industrial em nossa civilização moderna. A filosofia teológica só podia realmente convir com esses tempos necessários de sociabilidade preliminar, em que a atividade humana deve ser essencialmente militar, a fim de preparar gradualmente uma associação normal e completa, de início impossível, conforme a teoria histórica que estabeleci em outro local. O politeísmo se adaptava sobretudo ao sistema de conquista da antiguidade e o monoteísmo à organização defensiva da Idade Média. Fazendo prevalecer cada vez mais a vida industrial, a sociabilidade moderna deve, pois, secundar poderosamente a grande evolução mental que eleva hoje definitivamente nossa inteligência do regime teológico ao regime positivo. Essa tendência diária e ativa ao melhoramento prático da condição humana é necessariamente não somente pouco compatível com as preocupações religiosas, sempre relativas, sobretudo no monoteísmo, a um destino muito diferente. Mas, além disso, semelhante atividade é de natureza a suscitar finalmente uma oposição universal, tão radical como espontânea, a toda filosofia teológica.

Por um lado, com efeito, a vida industrial é, no fundo, diretamente contrária a todo otimismo providencial, porquanto supõe necessariamente que a ordem natural é bastante imperfeita para exigir sem cessar a intervenção humana, ao passo que a teologia não admite logicamente outro meio de modificá-la a não ser apelando para o apoio sobrenatural. Em segundo lugar, essa oposição, inerente ao conjunto de nossas concepções industriais, se reproduz continuamente sob formas muito variadas na realização especial de nossas operações, nas quais devemos considerar o mundo exterior, não como dirigido por quaisquer vontades, mas como submetido a leis, suscetíveis de nos permitir uma suficiente previsão, sem a qual nossa atividade prática não comportaria nenhuma base racional. Assim, a mesma correlação fundamental que torna a vida industrial tão favorável ao ascendente filosófico do espírito positivo lhe imprime, sob outro aspecto, uma tendência antiteológica, mais ou menos pronunciada, mas cedo ou tarde inevitável, quaisquer que tenham sido os esforços contínuos da sabedoria sacerdotal para conter ou temperar o caráter anti-industrial da primitiva inicial, com a qual a vida guerreira era a única suficientemente conciliável. Essa é a íntima solidariedade que faz todos os espíritos modernos, mesmo os mais grosseiros e os mais rebeldes, participar involuntariamente, desde muito tempo, da substituição gradativa da antiga filosofia teológica por uma filosofia plenamente positiva, única suscetível doravante de um verdadeiro ascendente social.

Somos assim conduzidos a completar enfim a apreciação direta do verdadeiro espírito filosófico por uma última explicação que, embora sendo sobretudo negativa, se torna realmente indispensável hoje para acabar de caracterizar suficientemente a natureza e as condições da grande renovação mental agora necessária à elite da Humanidade, manifestando diretamente a incompatibilidade final das concepções positivas com todas e quaisquer opiniões teológicas, tanto monoteicas como politeicas ou fetichistas. As diversas considerações indicadas neste *Discurso já demonstraram implicitamente a impossibilida-*

de de qualquer conciliação duradoura entre as duas filosofias, seja quanto ao método ou quanto à doutrina, de modo que toda incerteza a esse respeito pode ser aqui facilmente dissipada. Sem dúvida, a ciência e a teologia não se encontram de início em oposição aberta, porquanto não se propõem as mesmas questões; foi isso que permitiu durante muito tempo o desenvolvimento parcial do espírito positivo, apesar do ascendente geral do espírito teológico e, mesmo, sob vários aspectos, sob sua tutela preliminar. Mas quando a positividade racional, limitada de início a humildes pesquisas matemáticas, que a teologia havia desdenhado especialmente empreender, começou a estender-se ao estudo direto da natureza, sobretudo pelas teorias astronômicas, a colisão tornou-se inevitável, embora latente, em virtude do contraste fundamental, ao mesmo tempo científico e lógico, desde então progressivamente desenvolvido entre as duas ordens de ideias.

Os motivos lógicos segundo os quais a ciência se interdiz de modo radical os misteriosos problemas de que se ocupa essencialmente a teologia, são eles próprios de natureza a desacreditar cedo ou tarde, entre os bons espíritos, especulações que não se evitam senão por serem necessariamente inacessíveis à razão humana. Além disso, a prudente reserva com que o espírito positivo procede gradualmente com relação a assuntos muito fáceis deve fazer apreciar indiretamente a louca temeridade do espírito teológico a respeito das mais difíceis questões. Entretanto, é especialmente pelas doutrinas que a incompatibilidade das duas filosofias deve manifestar-se na maioria das inteligências, muito pouco interessadas usualmente em simples dissidências de método, embora estas sejam, no fundo, as mais graves, por serem a fonte necessária de todas as outras. Ora, sob esse novo aspecto, não se pode desconhecer a oposição radical das duas ordens de concepções, onde os mesmos fenômenos são ora atribuídos a vontades diretoras, ora reduzidos a leis invariáveis.

A mobilidade irregular, naturalmente inerente a toda ideia de vontade, não pode de modo algum concordar com a constância das relações reais. Assim, à medida que as leis físicas foram conhecidas, o império das vontades sobrenaturais se viu sempre mais restrito, sendo sempre consagrado sobretudo aos fenômenos cujas leis permaneciam ignoradas. Semelhante incompatibilidade se torna diretamente evidente quando se opõe a previsão racional, que constitui o principal caráter da verdadeira ciência, à adivinhação por meio da revelação especial, que a teologia deve representar como o único meio legítimo de conhecer o futuro. É verdade que o espírito positivo, chegado à sua completa maturidade, tende também a subordinar a própria vontade a verdadeiras leis, cuja existência é, com efeito, tacitamente suposta pela razão vulgar, porquanto os esforços práticos para modificar e prever as vontades humanas não poderiam ter sem isso nenhum fundamento razoável. Mas semelhante noção não conduz de modo algum a conciliar as duas maneiras opostas segundo as quais a ciência e a teologia concebem necessariamente a direção efetiva dos diversos fenômenos, pois semelhante previsão e a conduta que dela resulta exigem evidentemente um profundo conhecimento real do ser no seio do qual as vontades se produzem. Ora, esse fundamento preliminar só poderia provir de um ser pelo menos igual, julgando assim por semelhança; não podemos conceber da parte de um inferior, e a contradição aumenta com a desigualdade de natureza. Por isso a teologia sempre repeliu a pretensão de penetrar de qualquer modo os desígnios da providência, assim como seria absurdo supor aos animais inferiores a faculdade de prever as vontades do homem ou dos outros animais superiores. Entretanto, é a essa louca hipótese que seríamos necessariamente conduzidos para afinal conciliar o espírito teológico com o espírito positivo.

Historicamente considerada, sua oposição radical, aplicável a todas as fases essenciais da filosofia inicial, é geralmente admitida há muito tempo com relação àquelas fases que as populações mais avançadas transpuseram completamente. É mesmo certo que, a respeito delas, se exagera muito semelhante incompatibilidade em consequência desse desdém absoluto que nossos hábitos monoteicos inspiram de modo cego para com os dois estados anteriores do regime teológico. A sã filosofia, sempre obrigada a apreciar a maneira necessária segundo a qual cada uma das grandes fases sucessivas da Humanidade efetivamente concorreu para nossa evolução fundamental, há de retificar cuidadosamente esses injustos preconceitos que dificultam toda verdadeira teoria histórica. Mas, embora o politeísmo, e mesmo o fetichismo, tenham de início secundado realmente o surgimento espontâneo do espírito de observação, deve-se contudo reconhecer que não podiam ser verdadeiramente compatíveis com o sentimento gradual da invariabilidade das relações físicas, logo que pôde adquirir certa consistência sistemática. Por isso se deve conceber essa inevitável oposição como a principal fonte secreta das diversas transformações que sucessivamente decompuseram a filosofia teológica, reduzindo-a sempre mais.

É aqui o lugar de completar, a esse propósito, a indispensável explicação indicada no começo deste *Discurso, onde essa dissolução gradual foi especialmente atribuída ao estado metafísico propriamente dito que, no fundo, não podia ser senão o simples órgão dessa dissolução e nunca seu verdadeiro agente. Com efeito, deve-se notar que o espírito positivo, em virtude da falta de generalidade que devia caracterizar sua lenta evolução parcial, não podia formular convenientemente suas próprias tendências filosóficas, que apenas se tornaram diretamente sensíveis durante nossos últimos séculos. Daí resultou a necessidade especial da intervenção metafísica, única que podia sistematizar convenientemente a oposição espontânea da ciência nascente à antiga teologia. Mas, embora esse ofício tenha feito exagerar muito a importância efetiva desse espírito transitório, é contudo fácil reconhecer que só o progresso natural dos conhecimentos reais dava séria consistência à sua ruidosa atividade. Esse progresso contínuo que, no fundo, tinha determinado antes a transformação do fetichismo em politeísmo, constituiu em seguida* sobretudo a fonte essencial da redução do politeísmo ao monoteísmo. *Como a colisão se operou principalmente pelas teorias astronômicas, este Tratado me fornecerá a oportunidade natural de caracterizar o grau preciso de seu desenvolvimento, ao qual se deve atribuir, na realidade, a irrevogável decadência mental do regime politéico, que havemos de reconhecer então ser logicamente incompatível com a fundação decisiva da astronomia matemática pela escola de Tales.*

O estudo racional de semelhante oposição demonstra claramente que ela não podia limitar-se à teologia antiga e que teve de estender-se em seguida ao próprio monoteísmo, embora sua energia devesse decrescer com sua necessidade, à medida que o espírito teológico continuava a decair em virtude do mesmo prodígio espontâneo. Sem dúvida, essa fase extrema da filosofia inicial era muito menos contrária do que as precedentes ao surgimento dos conhecimentos reais, que nela não encontravam mais, a cada passo, a perigosa concorrência de uma explicação sobrenatural especialmente formulada. Por isso foi sobretudo sob esse regime monoteico que se realizou a evolução preliminar do espírito positivo. Mas, por ser menos explícita e mais tardia, a incompatibilidade não era finalmente menos inevitável, mesmo antes da época em que a nova filosofia se tornaria bastante geral para tomar um caráter verdadeiramente orgânico, substituindo irrevogavelmente a teologia em seu ofício social, assim como em seu destino mental. Como o conflito teve ainda de se operar sobretudo pela astronomia, demonstrarei aqui com precisão qual foi a evolução mais avançada que estendeu necessariamente até o mais simples monoteísmo sua oposição radical, antes limitada ao politeísmo propriamente dito: reconhecer-se-á então que essa inevitável influência resultou do descobrimento do duplo movimento da terra, logo seguida pela fundação da mecânica celeste. No estado presente da razão humana, pode-se assegurar que o regime monoteico, por muito tempo favorável ao surgimento primitivo dos conhecimentos reais, entrava profundamente a marcha sistemática que devem seguir doravante, impedindo o sentimento fundamental da invariabilidade das leis físicas de adquirir enfim sua indispensável plenitude filosófica. De fato, o pensamento contínuo de uma súbita perturbação arbitrária na economia natural deve ficar sempre inseparável, pelo menos virtualmente, de toda e qualquer teologia, mesmo reduzida quanto possível. Sem obstáculo semelhante, que não pode de fato desaparecer senão pelo completo desuso do espírito teológico, o espetáculo diário da ordem real já teria determinado uma adesão universal ao princípio fundamental da filosofia positiva.

Vários séculos antes que o surgimento científico permitisse apreciar diretamente essa oposição radical, a transição metafísica havia tentado, sob seu secreto impulso, restringir, no próprio seio do monoteísmo, o ascendente da teologia, fazendo abstratamente prevalecer, no último período da Idade Média, a célebre doutrina escolástica que sujeitou a ação efetiva do motor supremo a leis invariáveis, que teria primitivamente instituído, interdizendo-se de algum dia mudá-las. Mas essa espécie de transação *espontânea entre o princípio teológico e o princípio positivo só comportava evidentemente uma existência passageira, própria a facilitar mais o declínio contínuo de um e o triunfo gradual do outro. Seu império estava mesmo limitado essencialmente aos espíritos cultos; de fato, enquanto a fé realmente subsistiu, o instinto popular teve de repelir sempre com energia uma concepção que, no fundo, tendia a anular o poder providencial, condenando-o a uma sublime inércia que deixava toda a atividade habitual à grande entidade metafísica, estando assim a natureza associada regularmente ao governo universal, a título de ministro obrigado e responsável, ao qual se devia dirigir daí por diante a maior parte das queixas e dos desejos. Vê-se que, sob todos os aspectos essenciais, essa concepção se parece muito com aquela que a situação moderna fez cada vez mais prevalecer com relação à realeza constitucional; e essa analogia não é de modo algum fortuita, pois o tipo teológico de fato forneceu a base racional do tipo político. Essa doutrina contraditória, que arruína a eficácia social do princípio teológico, sem consagrar o ascendente fundamental do princípio positivo, não poderia corresponder a nenhum estado verdadeiramente normal e duradouro: constitui somente o mais poderoso dos meios de transição próprios à última tarefa necessária do espírito metafísico.*

Finalmente, a incompatibilidade necessária da ciência com a teologia teve de se manifestar também sob outra forma geral, especialmente adaptada ao estado monoteico, *fazendo cada vez mais sobressair a imperfeição radical da ordem real, oposta assim ao inevitável otimismo providencial. Esse otimismo teve, sem dúvida, de permanecer por muito tempo conciliável com o surgimento espontâneo dos conhecimentos positivos, porque uma primeira análise da natureza tinha de inspirar então, por toda parte, uma ingênua admissão pelo modo de realização dos principais fenômenos que constituem a ordem efetiva. Mas essa disposição inicial tende em seguida a desaparecer, não menos necessariamente, à medida que o espírito positivo, adquirindo um caráter cada vez mais sistemático, substitui, pouco a pouco, o dogma das causas finais pelo princípio das condições de existência que oferece, num grau mais alto, todas as propriedades lógicas, sem apresentar nenhum de seus graves perigos científicos. Então os homens deixam de se surpreender que a constituição dos seres naturais esteja, em cada caso, disposta de maneira a permitir a realização de seus fenômenos menos efetivos.*

Ao estudar com cuidado essa inevitável harmonia, com o único objetivo de conhecê-la melhor, acaba-se por notar em seguida as profundas imperfeições que apresenta, sob todos os aspectos, a ordem real, quase sempre inferior em sabedoria à economia artificial que nossa fraca intervenção humana estabelece em seu limitado campo. Como esses vícios naturais devem ser tanto maiores quanto mais complicados são os fenômenos considerados, as indicações irrecusáveis que nos oferece, sob esse aspecto, o conjunto da astronomia, bastarão para fazer pressentir aqui como semelhante apreciação deve estender-se, com uma nova energia filosófica, a todas as outras partes essenciais da ciência real. Mas importa sobretudo compreender, em geral, a respeito de semelhante crítica, que ela não tem apenas um destino passageiro, a título de meio antiteológico. Ela se liga, de maneira mais íntima e mais duradoura, ao espírito fundamental da filosofia positiva, na relação geral entre a especulação e a ação. Se, por um lado, nossa ativa intervenção permanente repousa, antes de tudo, no exato conhecimento da economia natural, do qual nossa economia artificial deve constituir apenas, sob todos os aspectos, o melhoramento progressivo, não é menos certo, por outro lado, que supomos assim a imperfeição necessária dessa ordem espontânea, cuja modificação gradual constitui o objetivo diário de todos os nossos esforços individuais ou coletivos. Abstraindo-se de toda crítica passageira, a justa apreciação dos diversos inconvenientes próprios à constituição efetiva do mundo real deve ser concebida doravante como inerente ao conjunto da filosofia positiva, mesmo em relação aos casos inacessíveis aos nossos fracos meios de aperfeiçoamento, a fim de conhecer melhor, quer nossa condição fundamental, quer o destino essencial de nossa atividade contínua.

O concurso espontâneo das diversas considerações gerais indicadas neste Discurso basta agora para caracterizar aqui, *sob todos os aspectos principais, o verdadeiro espírito filosófico que, após uma lenta evolução preliminar, atinge hoje seu estado sistemático. Tendo em vista a evidente obrigação em que já nos colocamos para qualificá-lo habitualmente por uma denominação curta e especial, tive de preferir aquela a que essa universal preparação atribui cada vez mais, durante os três últimos séculos, a preciosa propriedade de resumir o melhor possível o conjunto de seus atributos fundamentais. Como todos os termos vulgares elevados assim gradualmente à dignidade filosófica, a palavra positivo oferece, em nossas línguas ocidentais, várias acepções distintas, mesmo que se afaste o sentido grosseiro que de início é atribuído a ele por espíritos mal cultivados. Importa, porém, notar aqui que todos esses diversos significados convêm igualmente à nova filosofia geral, cujas diferentes qualidades características indicam alternadamente: assim essa aparente* ambiguidade já não oferecerá doravante nenhum inconveniente real. Dever-se-á ver nisso, ao contrário, um dos principais exemplos dessa admirável condensação de fórmulas que, nas populações avançadas, reúne, sob uma única expressão usual, vários atributos distintos, quando a razão pública chegou a reconhecer sua ligação permanente.

Considerada em primeiro lugar em sua acepção mais antiga e mais usual, a palavra *positivo designa o real em oposição ao quimérico: sob esse aspecto, convém plenamente ao novo espírito filosófico, assim caracterizado por sua constante consagração às investigações verdadeiramente acessíveis à nossa inteligência, com a exclusão efetiva dos impenetráveis mistérios de que se ocupava sobretudo sua infância. Num segundo sentido, muito próximo do precedente, mas no entanto distinto, este termo fundamental indica o contraste entre o útil e o ocioso: lembra então, em filosofia, o destino necessário de todas as nossas sadias especulações para o melhoramento contínuo de nossa verdadeira condição individual e coletiva, em lugar da vã satisfação de uma curiosidade estéril. Conforme um terceiro significado usual, essa feliz palavra é empregada* frequentemente para qualificar a oposição entre a *certeza e a indecisão: ela indica também a aptidão característica de semelhante filosofia para constituir espontaneamente a harmonia lógica no indivíduo e a comunhão espiritual na espécie inteira, em lugar dessas dúvidas indefinidas e desses debates intermináveis que o antigo regime mental devia suscitar. Uma quarta acepção usual, muitas vezes confundida com a precedente, consiste em opor o preciso ao vago: este sentido lembra a tendência constante do verdadeiro espírito filosófico para obter em toda parte o grau de precisão compatível com a natureza dos fenômenos e conforme à exigência de nossas verdadeiras necessidades; ao passo que a antiga maneira de filosofar conduzia necessariamente a opiniões vagas, não comportando uma indispensável disciplina senão em virtude de um compressão permanente, apoiada numa autoridade sobrenatural.*

Deve-se por fim notar especialmente uma quinta aplicação *menos usada do que as outras, embora igualmente universal, quando se emprega a palavra positivo como o contrário de negativo. Sob este aspecto*, indica uma das mais eminentes propriedades da verdadeira filosofia moderna, mostrando-a destinada sobretudo, por sua natureza, não a destruir, mas a *organizar. Os quatro caracteres gerais que acabamos de lembrar a distinguem ao mesmo tempo de todos os modos possíveis, quer teológicos, quer metafísicos, próprios da filosofia inicial. Esta última significação que indica, além disso, uma tendência contínua do novo espírito filosófico, oferece hoje especial importância por caracterizar diretamente uma de suas principais diferenças, não mais com o espírito teológico que foi durante muito tempo orgânico, mas com o espírito metafísico propriamente dito, que nunca pôde deixar de ser crítico. Qualquer que tenha sido, com efeito, a ação dissolvente da ciência real, essa influência foi sempre nela puramente indireta e secundária: sua própria falta de sistematização impedia até aqui que pudesse ser de outro modo; e o grande ofício orgânico, que agora lhe cabe, se oporia doravante a essa atribuição acessória que* ele tende, por outro lado, a tornar supérflua. A sã filosofia afasta radicalmente, é verdade, todas as questões necessariamente insolúveis: mas, motivando sua rejeição, evita negar qualquer coisa a seu respeito, o que seria contraditório a esse desuso sistemático pelo qual devem extinguir-se todas as opiniões verdadeiramente indiscutíveis. Sendo igualmente indiferente a todas elas, e, por conseguinte, mais imparcial e tolerante para com cada uma delas do que podem ser seus partidários opostos, ela se aplica a apreciar historicamente sua influência respectiva, as condições de sua duração e os motivos de sua decadência, sem jamais pronunciar qualquer negação absoluta, mesmo quando se trata das doutrinas mais antipáticas ao estado presente da razão humana entre as populações de elite.

É assim que presta escrupulosa justiça, não somente aos diversos sistemas de monoteísmo diferentes daquele que expira hoje entre nós, mas também às crenças politeicas, ou mesmo fetichistas, referindo-as sempre às fases correspondentes da evolução fundamental. Sob o aspecto dogmático, ela professa por outro lado as concepções de nossa imaginação, quando sua natureza as torna necessariamente inacessíveis a toda observação, não são mais desde então suscetíveis de negativa ou de afirmação verdadeiramente decisivas. Ninguém, sem dúvida, jamais demonstrou logicamente a não-existência de Apolo, de Minerva, etc., nem aquela das fadas orientais ou das diversas criações poéticas, o que de nenhum modo impediu o espírito humano de abandonar irrevogavelmente os dogmas antigos, quando deixaram enfim de convir ao conjunto de sua situação.

O único caráter essencial do novo espírito filosófico que ainda não é indicado pela palavra *positivo consiste em sua tendência necessária a substituir por toda parte o absoluto pelo relativo. Mas esse grande atributo, a um tempo científico e lógico, é de tal forma inerente à natureza fundamental dos conhecimentos reais, que sua consideração geral não tardará a ligar-se intimamente aos diversos aspectos que essa fórmula já combina, quando o moderno regime intelectual, até aqui parcial e empírico, passar comumente ao estado sistemático. A quinta acepção, que acabamos de apreciar, é especialmente própria para determinar essa condensação da nova linguagem filosófica, desde então plenamente constituída, conforme a afinidade evidente das duas propriedades. Concebe-se, com efeito, que a natureza absoluta das antigas doutrinas, tanto teológicas como metafísicas, determinasse necessariamente cada uma delas a tornar-se negativa em relação a todas as outras, sob pena de degenerar ela própria num ecletismo absurdo. É, pelo contrário, em virtude de seu gênio relativo que a nova filosofia pode apreciar sempre o valor próprio das teorias que lhe são mais opostas, sem todavia fazer nunca qualquer vã concessão, suscetível de alterar a nitidez de sua visão ou a firmeza de suas decisões. Há, pois, verdadeiramente motivo para presumir, de acordo com o conjunto de semelhante apreciação especial, que a fórmula empregada aqui para qualificar habitualmente essa filosofia definitiva lembrará doravante, a todos os bons espíritos, a inteira combinação efetiva de suas diversas propriedades características.*

Quando se procura a origem fundamental com semelhante maneira de filosofar, não se tarda a reconhecer que sua espontaneidade elementar coincide realmente com os primeiros exercícios práticos da razão humana, porque o conjunto das explicações indicadas neste Discurso demonstra claramente que todos os seus atributos principais são, no fundo, os mesmos que aqueles do bem senso universal. Apesar do ascendente mental da mais grosseira teologia, a conduta diária da vida ativa sempre teve de suscitar, em relação a cada ordem de fenômenos, certo esboço das leis naturais e das previsões correspondentes, em alguns casos particulares, que pareciam então somente secundários ou excepcionais; ora, esses são, com efeito, os germes necessários da positividade, que devia por muito tempo permanecer empírica antes de poder tornar-se racional. Importa muito compreender que, sob todos os aspectos essenciais, o verdadeiro es-

pírito filosófico consiste sobretudo na extensão sistemática do simples bom senso a todas as especulações verdadeiramente acessíveis. Seu domínio é radicalmente idêntico, porquanto as maiores questões da sã filosofia se referem por toda parte aos fenômenos mais vulgares, em relação aos quais os casos artificiais constituem apenas uma preparação mais ou menos indispensável. São, de parte e outra, o mesmo ponto de partida experimental, o mesmo objetivo de ligar e de prever, a mesma preocupação contínua da realidade, a mesma intenção final de utilidade. Toda sua diferença essencial consiste na generalidade sistemática de um, resultante de sua abstração necessária, oposta à incoerente especialidade do outro, sempre ocupado com o concreto.

Considerada sob o aspecto dogmático, essa conexão fundamental representa a ciência propriamente dita como um simples prolongamento metódico da sabedoria universal. Por isso, muito longe de jamais pôr em dúvida o que esta verdadeiramente decidiu, as sadias especulações filosóficas devem sempre tomar emprestado à razão comum suas noções iniciais para lhes fazer adquirir, por uma elaboração sistemática, um grau de generalidade e de consistência que não podiam obter espontaneamente.

Durante o curso de semelhante elaboração o controle permanente dessa sabedoria vulgar conserva, além disso, uma elevada importância a fim de evitar, tanto quanto possível, as diversas aberrações, por negligência ou por ilusão, que muitas vezes suscita o estado contínuo de abstração indispensável à atividade filosófica. Apesar de sua afinidade necessária, o bom senso propriamente dito deve se preocupar sobretudo com a realidade e com a utilidade, enquanto que o espírito filosófico tende a apreciar mais a generalidade e a ligação, de modo que sua dupla reação diária se torna igualmente favorável a cada um deles, consolidando nele as qualidades fundamentais que se alterariam naturalmente. Semelhante relação indica logo como são necessariamente vazias e estéreis as investigações especulativas dirigidas, em qualquer assunto, para os primeiros princípios que, devendo sempre emanar da sabedoria vulgar, não pertencem nunca ao verdadeiro domínio da ciência, da qual constituem, ao contrário, os fundamentos espontâneos e desde então indiscutíveis, o que elimina radicalmente uma multidão de controvérsias ociosas ou perigosas, deixadas pelo antigo regime mental.

Pode-se igualmente sentir assim a profunda inanidade final de todos os estudos preliminares relativos à lógica abstrata, onde se trata de apreciar o verdadeiro método filosófico, sem nenhuma aplicação a qualquer ordem de fenômenos.

Com efeito, os únicos princípios realmente gerais que, a esse respeito, possamos estabelecer, se reduzem necessariamente, como é fácil de verificar nos mais célebres desses aforismas, a algumas máximas incontestáveis, mas evidentes, tiradas da razão comum e que verdadeiramente nada acrescentam de essencial às indicações resultantes, em todos os bons espíritos, de simples exercício espontâneo. Quanto à maneira de adaptar essas regras universais às diversas ordens de nossas especulações positivas, o que constituiria a verdadeira dificuldade e a utilidade real desses preceitos lógicos, ela não poderia comportar verdadeiras apreciações senão após uma análise especial em conformidade com a natureza própria dos fenômenos considerados. A sã filosofia não separa, portanto, nunca a lógica da ciência; uma vez que o método e a doutrina não podem ser bem julgados, em cada caso, senão de acordo com suas verdadeiras relações mútuas, não é mais possível, no fundo, dar à lógica, assim como à ciência, um caráter universal por meio de concepções puramente abstratas, independentes de todos os fenômenos determinados; as tentativas desse gênero indicam ainda a secreta influência do espírito absoluto inerente ao regime teológico-metafísico.

Considerada agora sob o aspecto histórico, essa íntima solidariedade natural entre o gênio próprio da verdadeira filosofia e o simples bom senso universal mostra a origem espontânea do espírito positivo, por toda parte resultando, com efeito, de uma reação especial da razão prática sobre a razão teórica, cujo caráter inicial foi sendo assim modificado paulatinamente. Mas essa transformação gradual não podia se operar simultaneamente, nem sobretudo com igual velocidade, nas diversas classes de especulações abstratas, todas primitivamente teológicas, como já o reconhecemos. Esse constante impulso concreto não podia fazer o espírito positivo penetrar nelas a não ser segundo uma ordem determinada de acordo com a complicação crescente dos fenômenos, como será diretamente explicado mais adiante. A positividade abstrata, necessariamente surgida nos mais simples estudos matemáticos, e propagada em seguida por via de afinidade espontânea ou de imitação instintiva, não po-

dia, pois, oferecer de início senão um caráter especial e mesmo, sob muitos aspectos, empírico, que devia por muito tempo dissimular, à maioria de seus promotores, tanto sua incompatibilidade inevitável com a filosofia inicial, como sobretudo sua tendência radical para fundar um novo regime lógico. Seus progressos contínuos, sob o impulso crescente da razão vulgar, não podiam então determinar diretamente senão o triunfo preliminar do espírito metafísico, destinado, por sua generalidade espontânea, a servir-lhe de órgão filosófico durante os séculos decorridos entre a preparação mental do monoteísmo e sua plena instalação social, depois da qual, tendo o regime ontológico obtido todo o ascendente que sua natureza comportava, logo se tornou opressivo ao progresso científico que até então havia secundado.

Por isso o espírito positivo só pôde suficientemente manifestar sua própria tendência filosófica quando foi enfim conduzido, por essa opressão, a lutar especialmente contra o espírito metafísico, com o qual tinha devido parecer confundido durante muito tempo. Por essa razão a primeira fundação sistemática da filosofia positiva não poderia remontar à época anterior à memorável crise na qual o conjunto do regime ontológico começou a sucumbir em todo o ocidente europeu, sob o concurso espontâneo de dois admiráveis impulsos mentais, um científico, emanado de Kepler e Galileu, e outro, filosófico, devido a Bacon e Descartes. A imperfeita unidade metafísica constituída no fim da Idade Média foi desde então irrevogavelmente dissolvida, como a ontologia grega já havia destruído para sempre a grande unidade teológica, correspondente ao politeísmo. Depois desta crise verdadeiramente decisiva, o espírito positivo, crescendo mais em dois séculos do que lhe fora possível durante toda a sua longa carreira anterior, não permitiu mais outra unidade mental a não ser aquela que resultaria de seu próprio ascendente universal, uma vez que cada novo domínio sucessivamente adquirido por ele não poderia jamais retornar à teologia ou à metafísica, em virtude da consagração definitiva que essas aquisições crescentes estavam sempre mais na razão vulgar. É só por semelhante sistematização que a sabedoria teórica concederá verdadeiramente à sabedoria prática um digno equivalente, em generalidade e em consistência, do serviço fundamental que dela recebeu, em realidade e em eficácia, durante sua lenta iniciação gradual, pois as noções positivas obtidas nos dois últimos séculos são, falando a verdade, muito mais preciosas como materiais ulteriores de uma nova filosofia geral do que por seu valor direto e especial, pois a maioria delas ainda não pôde adquirir seu caráter definitivo, nem científico, nem mesmo lógico.

Segunda Parte

O conjunto de nossa evolução mental, e sobretudo o grande movimento realizado na Europa ocidental, desde Descartes e Bacon, não deixam, pois, doravante, outra saída possível senão a de constituir enfim, após tantos preâmbulos necessários, o estado verdadeiramente normal da razão humana, proporcionando ao espírito positivo a plenitude e a racionalidade que ainda lhe faltam, de maneira a estabelecer, entre o gênio filosófico e o bom senso universal, uma harmonia que até aqui não havia podido existir suficientemente. Ora, estudando essas duas condições simultâneas, de complemento e de sistematização, que a ciência real deve hoje preencher para elevar-se à dignidade de uma verdadeira filosofia, não se tarda em reconhecer que finalmente coincidem. De um lado, com efeito, a grande crise inicial da positividade moderna só deixou fora essencialmente do movimento científico propriamente dito as teorias morais e sociais, que ficaram desde então num isolamento irracional, sob o estéril domínio do espírito teológico-metafísico; era, pois, o caso de trazê-las também ao estado positivo que deveria sobretudo consistir, em nossos dias, na última prova do verdadeiro espírito filosófico, cuja extensão sucessiva a todos os outros fenômenos fundamentais já estava bastante esboçada. Mas, por outro lado, essa última expansão da filosofia natural tendia espontaneamente a sistematizá-la logo, constituindo o único ponto de vista, científico ou lógico, que possa dominar o conjunto de nossas especulações reais, sempre necessariamente redutíveis ao aspecto humano, isto é, social, único suscetível de uma ativa universalidade. Esse é o duplo objetivo filosófico da elaboração fundamental, ao mesmo tempo especial e geral, que ousei empreender na grande obra indicada no começo deste *Discurso: os mais eminentes pensadores contemporâneos a julgam assim bastante completa por já ter assentado as verdadeiras bases diretas da completa renovação mental projetada por Bacon e Descartes, mas cuja execução decisiva estava reservada a nosso século.*

Para que essa sistematização final das concepções humanas seja hoje suficientemente caracterizada, não basta apreciar seu destino teórico, como acabamos de fazer; é preciso também considerar aqui, de um modo distinto embora sumário, sua aptidão necessária para constituir a única saída intelectual que possa realmente comportar a imensa crise social desenvolvida, há meio século, no conjunto do ocidente europeu e de modo particular na França.

Enquanto se efetuava gradualmente, durante os últimos cinco séculos, a irrevogável dissolução da filosofia teológica, o sistema político, do qual ela formava a base mental, sofria cada vez mais uma decomposição não menos radical, igualmente presidida pelo espírito metafísico. Esse duplo movimento negativo tinha como órgãos essenciais e solidários, de um lado, as universidades, de início emanadas mas logo rivais do poder sacerdotal; de outro lado, as diversas corporações de legistas, gradualmente hostis aos poderes feudais: apenas, à medida que a ação crítica se disseminava, seus agentes, sem mudar de natureza, se tornavam mais numerosos e mais subalternos, de modo que, no século XVIII, a principal atividade revolucionária teve de passar, na ordem filosófica, dos doutores propriamente ditos aos simples literatos e, em seguida, na ordem política, dos juízes aos advogados.

A grande crise final começou necessariamente quando essa comum decadência, primeiro espontânea, depois sistemática, para a qual, aliás, todas as classes da sociedade moderna haviam concorrido de modo diverso, chegou finalmente ao ponto de tornar universalmente irrecusável a impossibilidade de conservar o regime antigo e a necessidade crescente de uma ordem nova. Desde sua origem, essa crise tendeu sempre a transformar num vasto movimento orgânico o movimento crítico dos cinco séculos anteriores, apresentando-se como destinada sobretudo a operar diretamente a regeneração social, cujos preâmbulos negativos se achavam todos então suficientemente realizados. Mas essa transformação decisiva, embora cada vez mais urgente, teve de permanecer até aqui essencialmente impossível por falta de uma filosofia verdadeiramente apropriada para lhe fornecer uma base intelectual indispensável. Na própria época em que a suficiente efetivação da decomposição preliminar exigia o desuso das doutrinas puramente negativas que a haviam dirigido, uma fatal ilusão, então inevitável, conduziu, pelo contrário, a conceder espontaneamente ao espírito metafísico, único ativo durante esse longo preâmbulo, a presidência geral do movimento de reorganização. Quando uma experiência plenamente decisiva verificou para sempre, aos olhos de todos, a completa impotência orgânica de semelhante filosofia, a ausência de qualquer outra teoria não permitiu satisfazer logo às necessidades de ordem, que já prevaleciam, de outro modo senão por uma espécie de restauração passageira desse mesmo sistema, mental e social, cuja irreparável decadência havia dado lugar à crise. Finalmente, o desenvolvimento dessa reação retrógrada teve em seguida de determinar uma memorável manifestação que nossas lacunas filosóficas tornavam tão indispensável quanto inevitável, a fim de demonstrar irrevogavelmente que o progresso constitui, tanto como a ordem, uma das condições fundamentais da civilização moderna.

O concurso natural dessas duas experiências irrecusáveis, cuja renovação se tornou agora tão impossível como inútil, nos conduziu hoje a essa estranha situação em que nada de verdadeiramente grande pode ser empreendido, nem para a ordem nem para o progresso, por falta de uma filosofia realmente adaptada ao conjunto de nossas necessidades. Todo esforço sério de reorganização logo se detém diante dos temores de retrogradação que deve naturalmente inspirar, numa época em que as ideias de ordem ainda emanam essencialmente do tipo antigo, que se tornou justamente antipático às populações atuais: de igual modo, as tentativas de aceleração direta da progressão política não tardam a ser radicalmente entravadas pelas inquietações muito legítimas que devem suscitar sobre a iminência da anarquia, enquanto as ideias de progresso permanecem sobretudo negativas.

Como antes da crise, a luta aparente fica, portanto, empenhada entre o espírito teológico, reconhecido incompatível com o progresso, que foi conduzido a negar dogmaticamente, e o espírito metafísico que, depois de terminar, em filosofia, na dúvida universal, não pôde tender, em política, senão a constituir a desordem ou um estado equivalente de não-governo. Mas, de acordo com o sentimento unânime de sua comum insuficiência, nem um nem outro pode inspirar mais doravante aos governantes ou governados, profundas convicções ativas. Seu antagonismo continua, no entanto, a alimentá-los mutuamente, sem que nenhum deles possa comportar mais um verdadeiro desuso nem um decisivo triunfo, porque nossa situação intelectual os torna ainda indispensáveis para representar de algum modo as condições simultâneas, de um lado da ordem e, de outro, do progresso, até que uma mesma filosofia as possa satisfazer igualmente, de modo a tornar enfim igualmente tão inútil a escola retrógrada como a escola negativa, cada uma das quais é sobretudo destinada hoje a impedir a completa preponderância da outra. Entretanto, as inquietudes opostas, relativas a esses dois domínios contrários, deverão naturalmente persistir ao mesmo tempo, enquanto durar esse interregno mental, como consequência inevitável dessa irracional cisão entre as duas faces inseparáveis do grande problema social. Com efeito, cada uma das duas escolas, em virtude de sua exclusiva preocupação, não é mesmo mais capaz de conter suficientemente doravante as aberrações inversas de sua antagonista.

Apesar de sua tendência antianárquica, a escola teológica se mostrou em nossos dias radicalmente impotente para impedir o surgimento das opiniões subversivas que, depois de se terem desenvolvido sobretudo durante sua principal restauração, são muitas vezes por ela propagadas, em consequência de frívolos cálculos dinásticos. De modo semelhante, qualquer que seja o instinto antirretrógrado da escola metafísica, ela não tem hoje mais toda a força lógica que seu simples ofício revolucionário exigiria, porque sua inconsequência característica a obriga a admitir os princípios essenciais desse mesmo sistema, cujas verdadeiras condições de existência ela ataca sem cessar.

Essa deplorável oscilação entre duas filosofias opostas, que se tornaram igualmente vãs, e não podendo extinguir-se senão ao mesmo tempo, devia suscitar o desenvolvimento de uma espécie de escola intermediária, essencialmente estacionária, destinada sobretudo a lembrar diretamente o conjunto da questão social, proclamando enfim como igualmente necessárias as duas condições fundamentais que isolavam as duas opiniões ativas. Mas por falta de uma filosofia própria para realizar essa grande combinação do espírito de ordem com o de progresso, esse terceiro impulso permanece logicamente ainda mais impotente do que os dois outros, porque sistematiza a inconsequência, consagrando simultaneamente os princípios retrógrados e as máximas negativas, a fim de poder neutralizá-los mutuamente. Longe de tender a terminar a crise, essa disposição só poderia conseguir eternizá-la, opondo-se diretamente a toda verdadeira preponderância de um sistema qualquer, se não fosse limitada a simples destino passageiro, para empiricamente satisfazer às mais graves exigências de nossa situação revolucionária, até o advento decisivo das únicas doutrinas que possam doravante convir ao conjunto de nossas necessidades. Mas assim concebido, esse expediente provisório se tornou hoje tão indispensável como inevitável. Seu rápido ascendente prático, implicitamente reconhecido pelos dois partidos ativos, evidencia cada vez mais, nas populações atuais, o amortecimento simultâneo das convicções e das paixões anteriores, tanto retrógradas como críticas, gradualmente substituídas por um sentimento universal, real embora confuso, da necessidade e mesmo da possibilidade da conciliação permanente entre o espírito de conservação e o espírito de melhoramento igualmente peculiares ao estado normal da humanidade.

A tendência correspondente dos homens de Estado a impedir hoje, tanto quanto possível, todo grande movimento político, acha-se além disso conforme às exigências fundamentais de uma situação que realmente só comportará instituições provisórias, enquanto uma verdadeira filosofia geral não tiver suficientemente congregado as inteligências. Sem que os poderes atuais o percebam, essa resistência instintiva concorre para facilitar a verdadeira solução, impelindo a transformar uma estéril agitação política numa ativa progressão filosófica, de modo a seguir enfim a marcha prescrita pela natureza própria da reorganização final, que deve de início se operar nas ideias, para passar em seguida aos costumes e, por fim, às instituições.

Semelhante transformação, que já tende a prevalecer na França, deverá naturalmente se desenvolver cada vez mais por toda parte, visto a necessidade crescente em que estão agora colocados nossos governos ocidentais de manter, a grande custo, a ordem material no meio da desordem intelectual e moral, necessidade que deve pouco a pouco absorver essencialmente seus esforços diários e conduzi-los a renunciar implicitamente a toda séria presidência da reorganização espiritual, entregue assim doravante à livre atividade dos filósofos que se mostrariam dignos de dirigi-la. Essa disposição natural dos poderes atuais está em harmonia com a tendência espontânea das populações a uma aparente indiferença política, motivada pela impotência radical das diversas doutrinas em circulação, e que deve sempre persistir, enquanto os debates políticos, por falta de impulso conveniente, continuarem a degenerar em vãs lutas pessoais, cada vez mais miseráveis. Essa é a feliz eficácia prática que o conjunto de nossa situação revolucionária proporciona momentaneamente a uma escola essencialmente empírica que, sob o aspecto teórico, não pode jamais produzir senão um sistema radicalmente contraditório, não menos absurdo e não menos perigoso, em política, do que o é, em filosofia, o ecletismo correspondente, inspirado também por uma vã intenção de conciliar, sem princípios próprios, opiniões incompatíveis.

De acordo com esse sentimento, cada vez mais desenvolvido, da igual insuficiência social, que já oferecem o espírito teológico e o metafísico, únicos que até aqui disputaram ativamente o império, a razão pública deve estar implicitamente disposta a acolher hoje o espírito positivo como a única base possível de uma verdadeira resolução da profunda anarquia intelectual e moral que caracteriza sobretudo a grande crise moderna. A escola positiva, que havia ficado ainda estranha a essas questões, preparou-se gradualmente para isso, constituindo, tanto quanto possível, durante a luta revolucionária dos três últimos séculos, o verdadeiro estado normal de todas as classes mais simples de nossas especulações reais. Fortalecida por esses antecedentes científicos e lógicos, isenta, além disso, das diversas aberrações contemporâneas, apresenta-se hoje como tendo enfim adquirido a inteira generalidade filosófica que até aqui lhe faltava; desde então ousa empreender, por sua vez, a solução, ainda intacta, do grande problema, transportando convenientemente para os estudos finais a mesma regeneração que sucessivamente já operou nos diferentes estudos preliminares.

Não se pode, em primeiro lugar, desconhecer a aptidão espontânea de semelhante filosofia para estabelecer diretamente a conciliação fundamental, ainda tão vãmente procurada, entre as exigências simultâneas da ordem e do progresso, pois lhe basta, para esse efeito, estender até os fenômenos sociais uma tendência plenamente conforme à sua natureza e que ela tornou agora muito familiar em todos os outros casos essenciais. Em qualquer assunto o espírito positivo conduz sempre a estabelecer uma exata harmonia elementar entre as ideias de existência e as ideias de movimento, de onde resulta mais especialmente, para com os corpos vivos, a correlação permanente das ideias de organização às ideias de vida e, em seguida, por uma última especialização peculiar ao organismo social, a solidariedade contínua das ideias de ordem com as ideias de progresso. Para a nova filosofia, a ordem constitui sempre a condição fundamental do progresso; e, reciprocamente, o progresso se torna o objetivo necessário da ordem: como na mecânica animal, são mutuamente indispensáveis o equilíbrio e a progressão, a título de fundamento ou de destino.

Considerado em seguida especialmente quanto à ordem, o espírito positivo lhe apresenta hoje, em sua extensão social, poderosas garantias diretas, não só científicas, mas também lógicas, que poderão logo ser julgadas muito superiores às vãs pretensões de uma teologia retrógrada que, há vários séculos, degenerou cada vez mais em elemento ativo de discórdias, individuais ou nacionais, e se tornou incapaz de conter as divagações subversivas de seus próprios adeptos. Atacando a desordem atual em sua verdadeira fonte, necessariamente mental, o espírito positivo constitui, tão profundamente quanto possível, a harmonia lógica, regenerando primeiro os métodos antes das doutrinas, por uma tríplice conversão simultânea da natureza das questões dominantes, da maneira de tratá-las e das condições preliminares de sua elaboração. De um lado, com efeito, ele demonstra que as principais dificuldades sociais não são hoje essencialmente políticas, mas sobretudo morais, de modo que sua solução possível depende realmente muito mais das opiniões e dos costumes do que das instituições, o que tende a extinguir uma atividade perturbadora, transformando a agitação política em movimento filosófico.

Sob o segundo aspecto considera sempre o estado presente como um resultado necessário do conjunto da evolução anterior, de modo a fazer constantemente prevalecer a apreciação racional do passado no exame atual dos negócios humanos, o que afasta logo as tendências puramente críticas, incompatíveis com essa sadia concepção histórica. Finalmente, em lugar de deixar a ciência social no vago e estéril isolamento em que ainda a colocam a teologia e a metafísica, ele a liga irrevogavelmente a todas as outras ciências fundamentais, que constituem gradualmente, em relação a esse estudo final, outros tantos preâmbulos indispensáveis, onde nossa inteligência adquire ao mesmo tempo os hábitos e as noções sem as quais não podem ser utilmente abordadas as mais eminentes especulações positivas, o que já institui uma verdadeira disciplina mental, própria a melhorar de modo radical essas discussões, desde então racionalmente interditas a uma multidão de entendimentos mal organizados ou mal preparados. Essas grandes garantias lógicas são, aliás, em seguida plenamente confirmadas e desenvolvidas pela apreciação cientifica propriamente dita que, em relação aos fenômenos sociais assim como a todos os outros, representa sempre nossa ordem artificial como devendo consistir sobretudo no simples prolongamento judicioso, primeiramente espontâneo, depois sistemático, da ordem natural que resulta, em cada caso, do conjunto das leis reais, cuja ação efetiva é ordinariamente modificável por nossa sábia intervenção, entre limites determinados, tanto mais distantes entre si quanto de ordem mais elevada são os fenômenos. O sentimento elementar da ordem é, numa palavra, naturalmente inseparável de todas as especulações positivas, constantemente dirigidas para a descoberta dos meios de ligação entre observações cujo principal valor resulta de sua sistematização.

O mesmo ocorre, e ainda mais evidentemente, quanto ao progresso que, apesar das vãs pretensões ontológicas, encontra hoje, no conjunto dos estudos científicos, sua mais incontestável manifestação. Em virtude de sua natureza absoluta e por conseguinte essencialmente imóvel, a metafísica e a teologia não poderiam comportar, com pouca diferença uma da outra, um verdadeiro progresso, isto é, uma verdadeira progressão contínua para determinado fim. Suas transformações históricas consistem sobretudo, ao contrário, num desuso crescente, tanto mental como social, sem que as questões discutidas tenham podido jamais dar qualquer passo real, em virtude mesmo de sua insolubilidade radical. É fácil reconhecer que as discussões ontológicas das escolas gregas se reproduziram essencialmente sob outras formas entre os escolásticos da Idade Média e encontramos hoje o equivalente delas entre nossos psicólogos ou ideólogos; uma vez que nenhuma das doutrinas controvertidas pôde, durante estes vinte séculos de estéreis debates, chegar a demonstrações decisivas, nem mesmo no que diz respeito à existência dos corpos exteriores, ainda tão problemática para os argumentadores modernos como para seus mais antigos predecessores.

Foi evidentemente a marcha contínua dos conhecimentos positivos que inspirou, há dois séculos, na célebre fórmula filosófica de Pascal, a primeira noção racional do progresso humano, necessariamente estranha a toda a filosofia antiga. Estendida em seguida à evolução industrial e mesmo estética, mas tendo ficado muito confusa em relação ao movimento social, ela tende hoje de modo vago para uma sistematização decisiva, que só pode emanar do espírito positivo, por fim convenientemente generalizado. Em suas especulações diárias ele reproduz espontaneamente seu ativo sentimento elementar, representando sempre a extensão e o aperfeiçoamento de nossos conhecimentos reais como o objetivo essencial de nossos diversos esforços teóricos. Sob o aspecto mais sistemático, a nova filosofia aponta diretamente como destino necessário, a toda nossa existência, a um tempo pessoal e social, o melhoramento contínuo, não somente de nossa condição, mas também e sobretudo de nossa natureza, tanto quanto o comporta, sob todos os aspectos, o conjunto das leis reais, exteriores ou interiores. Erigindo, assim, a noção de progresso em dogma verdadeiramente fundamental da sabedoria humana, prática ou teórica, ela lhe imprime o mais nobre e também o mais completo caráter, representando sempre o segundo gênero de aperfeiçoamento como superior ao primeiro. Dependendo, com efeito, de um lado, a ação da Humanidade sobre o mundo exterior especialmente das disposições do agente, sua melhoria deve constituir nosso principal recurso: sendo, por outro lado, os fenômenos humanos, individuais ou coletivos, os mais modificáveis de todos, é em relação a eles que nossa intervenção racional comporta naturalmente a mais vasta eficácia. O dogma do progresso não pode, pois, tornar-se suficientemente filosófico senão mediante uma exata apreciação geral do que constitui sobretudo essa melhoria contínua de nossa própria natureza, principal objeto da progressão humana. Ora, a esse respeito, o conjunto da filosofia positiva demonstra plenamente, como se pode ver na obra indicada no começo deste *Discurso que esse aperfeiçoamento consiste essencialmente, assim para o indivíduo como para a espécie, em fazer prevalecer cada vez mais os eminentes atributos que mais distinguem nossa humanidade da simples animalidade, isto é, de uma parte inteligência, de outra parte a sociabilidade, faculdades naturalmente solidárias, que se servem mutuamente de meio e de fim. Embora o curso espontâneo da evolução humana, pessoal ou social, desenvolva sempre sua comum influência, seu ascendente combinado não poderia, entretanto, chegar ao ponto de impedir que nossa principal atividade proceda habitualmente dos instintos interiores, que nossa constituição real torna necessariamente muito mais enérgicos.* Assim essa ideal preponderância de nossa humanidade sobre nossa animalidade preenche naturalmente as condições essenciais de um verdadeiro tipo filosófico, caracterizando um determinado limite, do qual todos os nossos esforços devem nos aproximar constantemente sem no entanto jamais conseguir atingi-lo.

Essa dupla indicação da aptidão fundamental do espírito positivo para sistematizar espontaneamente as sadias noções simultâneas de ordem e de progresso basta aqui para assinalar sumariamente a alta eficácia social peculiar à nova filosofia. Seu valor, a esse respeito, depende sobretudo de sua plena realidade científica, isto é, da exata harmonia que estabelece sempre, tanto quanto possível, entre os princípios e os fatos, não somente quanto aos fenômenos sociais, como também a todos os outros. A reorganização total, única que pode terminar a grande crise moderna, consiste, com efeito, sob o aspecto mental, que deve prevalecer em primeiro lugar, em constituir uma teoria sociológica própria para explicar convenientemente o conjunto do passado humano: esse é o modo mais racional de pôr a questão essencial, a fim de afastar dela mais facilmente qualquer paixão perturbadora. Ora, é assim que a superioridade necessária da escola positiva sobre as diversas escolas atuais pode também ser mais nitidamente apreciada.

De fato, o espírito teológico e o espírito metafísico são ambos conduzidos, por sua natureza absoluta, a não considerar senão o período do passado em que cada um deles dominou especialmente: o que precede e o que se segue não oferece mais do que uma tenebrosa confusão e uma inexplicável desordem, cuja ligação com essa estreita porção do grande espetáculo histórico não pode, a seus olhos, resultar senão de uma milagrosa interferência. Por exemplo, o catolicismo sempre mostrou, a respeito do politeísmo antigo, uma tendência tão cegamente crítica, como aquela que ele hoje justamente recrimina, em relação a si mesmo, ao espírito revolucionário propriamente dito.

Uma verdadeira explicação do conjunto do passado, de conformidade com as leis constantes de nossa natureza, individual ou coletiva, é pois necessariamente impossível às diversas escolas absolutas que ainda dominam; com efeito, nenhuma delas tentou dá-la de modo suficiente. Só o espírito positivo, em virtude de sua natureza eminentemente relativa, pode representar de modo conveniente todas as grandes épocas históricas como tantas fases determinadas de uma única evolução fundamental, onde cada uma resulta da precedente e prepara a seguinte segundo leis invariáveis que fixam sua participação especial na progressão comum, de maneira a permitir sempre, sem inconsequência nem parcialidade, render uma exata justiça filosófica a todas e quaisquer cooperações. Embora esse incontestável privilégio da positividade racional deva de início parecer puramente especulativo, os verdadeiros pensadores nele reconhecerão logo a primeira fonte necessária do ativo ascendente social reservado enfim à nova filosofia.

De fato, podemos hoje assegurar que a doutrina que houver suficientemente explicado o conjunto do passado obterá inevitavelmente, em virtude dessa única prova, a presidência mental do futuro.

Semelhante indicação das altas propriedades sociais que caracterizam o espírito positivo não seria ainda bastante decisiva se não lhe acrescentássemos uma apreciação sumária de sua aptidão espontânea para sistematizar enfim a moral humana, o que constituirá sempre a principal aplicação de toda verdadeira teoria da humanidade.

No organismo politéico da Antiguidade, a moral, radicalmente subordinada à política, não podia jamais adquirir a dignidade nem a universalidade convenientes à sua natureza. Sua independência fundamental e mesmo seu ascendente normal resultaram enfim, tanto quanto era então possível, do regime monoteico peculiar à Idade Média: esse imenso serviço social, devido sobretudo ao catolicismo, constituirá sempre seu principal título ao eterno reconhecimento do gênero humano. Foi somente depois dessa indispensável separação, sancionada e completada pela divisão necessária dos dois poderes, que a moral humana pôde realmente começar a tomar um caráter sistemático, estabelecendo, ao abrigo dos impulsos passageiros, regras verdadeiramente gerais para o conjunto de nossa existência pessoal, doméstica e social. Mas as profundas imperfeições da filosofia monoteica, que presidia então essa grande operação, tiveram de alterar muito a eficácia e comprometeram mesmo gravemente sua estabilidade, suscitando logo um fatal conflito entre a expansão intelectual e o desenvolvimento moral. Desse modo, ligada a uma doutrina que não podia se manter progressiva por muito tempo, a moral devia em seguida ser cada vez mais afetada pelo descrédito crescente que ia necessariamente sofrer uma teologia que, sendo já retrógrada, se tornaria enfim radicalmente antipática à razão moderna.

Exposta desde então à ação dissolvente da metafísica, a moral teórica recebeu, com efeito, durante os últimos cinco séculos, em cada uma de suas três partes essenciais, ataques crescentemente perigosos, que a retidão e a moralidade naturais do homem não puderam, pela prática, reparar sempre suficientemente, apesar do feliz desenvolvimento contínuo que lhes devia proporcionar então a marcha espontânea de nossa civilização. Se o ascendente necessário do espírito positivo não viesse enfim pôr termo a essas anárquicas divagações, elas certamente imprimiriam uma flutuação mortal a todas as noções um pouco delicadas da moral usual, não somente social mas também doméstica e até mesmo pessoal, não deixando subsistir por toda parte senão as regras relativas aos casos mais grosseiros que a apreciação vulgar pudesse diretamente garantir.

Em semelhante situação, deve parecer estranho que a única filosofia que possa, com efeito, consolidar hoje a moral, se veja, ao contrário, tachada, a esse respeito, de incompetência radical pelas diversas escolas atuais, desde os verdadeiros católicos até os simples deístas que, no meio de seus vãos debates, concordam sobretudo para lhe interdizer essencialmente o acesso dessas questões fundamentais, pelo único motivo de que seu gênio demasiado parcial se havia limitado até aqui aos assuntos mais simples. O espírito metafísico que tendeu tantas vezes a dissolver a moral e o espírito teológico que, há muito, perdeu a força de preservá-la, persistem contudo em fazer dela uma espécie de apanágio eterno e exclusivo, sem que a razão pública tenha ainda julgado convenientemente essas pretensões empíricas. Deve-se, é verdade, reconhecer que, em geral, a introdução de qualquer regra moral devia operar-se por toda a parte primeiramente sob as inspirações teológicas, então incorporadas profundamente ao sistema inteiro de nossas ideias, inspirações que eram também as únicas suscetíveis de constituir opiniões suficientemente comuns.

Mas o conjunto do passado demonstra igualmente que essa solidariedade primitiva decresceu sempre como o próprio ascendente da teologia; os preceitos morais, assim como todos os outros, foram cada vez mais reduzidos a uma consagração puramente racional, à medida que o povo se tornou mais capaz de apreciar a influência real de cada conduta sobre a existência humana, individual ou social. Separando de modo irrevogável a moral da política, o catolicismo teve de desenvolver muito essa tendência contínua, porquanto a intervenção sobrenatural se encontrou assim diretamente reduzida a formar regras gerais, cuja aplicação ficava desde então essencialmente confiada à sabedoria humana. Dirigindo-se a populações mais adiantadas, ele entregou à razão pública uma série de prescrições especiais que os sábios antigos acreditavam não poder dispensar nunca as injunções religiosas, como o pensam ainda os doutores politeístas da Índia, por exemplo, quanto à maioria das práticas higiênicas. Por isso, podem ser observadas, decorridos mais de três séculos depois de São Paulo, as sinistras predições de vários filósofos ou magistrados pagãos sobre a iminente imoralidade que ia acarretar necessariamente a próxima revolução teológica. As declamações atuais das diversas escolas monoteicas não impedirão tampouco o espírito positivo de completar hoje, sob condições convenientes, a conquista prática e teórica do domínio moral, já entregue cada vez mais, espontaneamente, à razão humana, cujas inspirações particulares só nos resta sobretudo e enfim sistematizar. A humanidade não poderia, sem dúvida, ficar indefinidamente condenada a não poder fundar suas regras de proceder senão sobre motivos quiméricos, de maneira a eternizar uma desastrosa oposição, até aqui passageira, entre as necessidades intelectuais e as necessidades morais.

Bem longe de ser eternamente indispensável aos preceitos morais, a experiência demonstra, ao contrário, que a assistência teológica se tornou, entre os modernos, cada vez mais prejudicial, fazendo-os participar inevitavelmente, em virtude dessa funesta aderência, à decomposição crescente do regime monoteico, sobretudo durante os três últimos séculos. Em primeiro lugar, essa fatal solidariedade, à medida que a fé se extinguia, devia diretamente enfraquecer a única base sobre a qual repousavam regras que, muitas vezes expostas a graves conflitos com impulsos muito enérgicos, precisam ser cuidadosamente preservadas de toda hesitação. A antipatia crescente que o espírito teológico justamente inspirava à razão moderna afetou gravemente muitas importantes noções morais, não só relativas às grandes relações sociais, mas ainda atinentes à simples vida doméstica e mesmo à existência pessoal: um cego ardor de emancipação mental não deixou de levar decisivamente, por outro lado, a erigir algumas vezes o desdém passageiro por essas máximas salutares numa espécie de louco protesto contra a filosofia retrógrada, de onde pareciam exclusivamente emanar. Até entre aqueles que conservavam a fé dogmática, essa funesta influência se fazia sentir indiretamente, porque a autoridade sacerdotal, depois de haver perdido sua independência política, via também decrescer cada vez mais o ascendente social indispensável à sua eficácia moral.

Além dessa impotência crescente para proteger as regras morais, o espírito teológico muitas vezes as prejudicou também de uma maneira ativa, pelas divagações que suscitou, desde que não foi mais suscetível de suficiente disciplina, sob o inevitável surgimento do livre exame individual. Exercido assim, realmente inspirou ou secundou muitas aberrações antissociais que o bom senso, entregue a si mesmo, teria espontaneamente evitado ou rejeitado. As utopias subversivas que vemos ganhar crédito hoje, quer contra a propriedade, quer mesmo acerca da família etc., não emanaram quase nunca das inteligências plenamente emancipadas nem foram por elas acolhidas, apesar de suas lacunas fundamentais, mas antes por aquelas que perseguem ativamente uma espécie de restauração teológica, fundada sobre um vago e estéril deísmo ou sobre um protestantismo equivalente. Por fim, essa antiga adesão à teologia se tornou também necessariamente funesta à moral, sob um terceiro aspecto geral, opondo-se à sua sólida reconstrução sobre bases puramente humanas. Se esse obstáculo consistisse só nas cegas declamações muito frequentemente emanadas das diversas escolas atuais, teológicas ou metafísicas, contra o pretenso perigo de semelhante operação, os filósofos positivos poderiam se limitar a repelir odiosas insinuações pelo irrecusável exemplo de sua própria vida diária, pessoal, doméstica e social. Mas essa oposição é infelizmente muito mais radical, porque resulta da incompatibilidade necessária que evidentemente existe entre essas duas maneiras de sistematizar a moral. Os motivos teológicos, devendo naturalmente oferecer aos olhos do crente uma intensidade muito superior àquela de todos e quaisquer outros, jamais poderiam se transformar em simples auxiliares dos motivos puramente humanos e não podem conservar nenhuma eficácia real logo que deixam de dominar. Não existe, portanto, nenhuma alternativa duradoura entre fundar enfim a moral no conhecimento positivo da Humanidade e deixá-la repousar na injunção sobrenatural: as convicções racionais puderam secundar as crenças teológicas, ou antes tomar gradualmente seu lugar à medida que a fé se extinguiu; mas a combinação inversa não constitui certamente senão uma utopia contraditória, na qual o principal seria subordinado ao acessório.

Uma judiciosa exploração do verdadeiro estado da sociedade moderna representa, portanto, como cada vez mais desmentida pelo conjunto dos fatos diários, a pretensa impossibilidade de ser dispensável doravante qualquer teologia para consolidar a moral; porque essa perigosa ligação teve de se tornar desde o fim da Idade Média triplamente funesta à moral, seja enervando ou desacreditando suas bases intelectuais, seja suscitando perturbações diretas, seja impedindo sua melhor sistematização. Se, apesar de ativos princípios de desordem, a moralidade prática realmente melhorou, esse feliz resultado não poderia ser atribuído ao espírito teológico, então degenerado, pelo contrário, em perigoso dissolvente: é devido essencialmente à ação crescente do espírito positivo, já eficaz sob sua forma espontânea, consistindo no bom senso universal, cujas sábias inspirações secundaram o impulso natural de nossa civilização progressiva para combater utilmente as diversas aberrações, sobretudo aquelas que emanavam das divagações religiosas. Quando, por exemplo, a teologia protestante tendia a alterar gravemente a instituição do casamento pela consagração formal do divórcio, a razão pública neutralizava consideravelmente seus funestos efeitos, impondo quase sempre o respeito prático dos costumes anteriores, únicos conformes ao verdadeiro caráter da sociabilidade moderna. Irrecusáveis experiências provaram, além disso, ao mesmo tempo, em vasta escala, no seio das massas populares, que o pretenso privilégio exclusivo das crenças religiosas de determinar grandes sacrifícios ou ativos devotamentos podia igualmente pertencer a opiniões diretamente opostas, e se ligava, em geral, a toda convicção profunda, qualquer que pudesse ser sua natureza. Os numerosos adversários do regime teológico que, há meio século, garantiram com tanto heroísmo nossa independência nacional contra a coligação retrógrada não mostraram, sem dúvida, uma abnegação menos completa e menos constante do que os bandos supersticiosos que, no seio da França, auxiliaram a agressão exterior.

Para acabar de apreciar as atuais pretensões da filosofia teológica-metafísica de conservar a sistematização exclusiva da moral usual, basta examinar diretamente a doutrina perigosa e contraditória que o progresso inevitável da emancipação a forçou logo a estabelecer a esse respeito, consagrando em toda parte, sob formas mais ou menos explícitas, uma espécie de hipocrisia coletiva, análoga àquela que se supõe, muito sem razão, ter sido habitual entre os antigos, embora só tenha conseguido na Antiguidade um êxito precário e passageiro. Não podendo *impedir o livre desenvolvimento da razão moderna nos espíritos cultos, se propôs assim a obter deles, em vista do interesse público, o respeito aparente das antigas crenças, a fim de manter sobre o vulgo a autoridade julgada indispensável. Essa transação sistemática não é de forma alguma peculiar aos jesuítas, embora constitua o fundo essencial de sua tática; o espírito protestante também lhe imprimiu, a seu modo, uma consagração ainda mais íntima, mais extensa e sobretudo mais dogmática; os metafísicos propriamente ditos a adotam tanto quanto os próprios teólogos; o maior dentre eles, embora sua alta moralidade fosse verdadeiramente digna de sua eminente inteligência, foi levado a sancioná-la essencialmente, estabelecendo, de uma parte, que todas e quaisquer opiniões teológicas não comportam nenhuma verdadeira demonstração e, de outra parte, que a necessidade social obriga a manter indefinidamente seu império. Apesar de semelhante doutrina poder tornar-se respeitável entre aqueles que não lhe conectam nenhuma ambição pessoal, não tende menos a viciar todas as fontes da moralidade humana, fazendo-a necessariamente repousar sobre um estado contínuo de falsidade, e mesmo de desprezo, dos superiores para com os inferiores. Enquanto os que deviam participar dessa dissimulação sistemática foram pouco numerosos, sua prática foi possível, ainda que precária; mas ela se tornou ainda mais ridícula do que odiosa quando a emancipação se estendeu bastante para que essa espécie de piedosa conspiração pudesse hoje abranger, como seria necessário, a maior parte dos espíritos ativos.*

Finalmente, mesmo que se suponha realizada essa quimérica extensão, esse pretenso sistema deixa subsistir completamente a dificuldade a respeito das inteligências emancipadas, cuja moralidade própria fica assim abandonada à sua pura espontaneidade, já pre-

cisamente reconhecida insuficiente na classe submissa. Se é preciso admitir também a necessidade de uma verdadeira sistematização moral para esses espíritos emancipados, ela só poderá repousar desde então sobre bases positivas que finalmente serão assim julgadas indispensáveis. Quanto a limitar seu destino à classe esclarecida, além de semelhante restrição não poder mudar a natureza dessa grande construção filosófica, seria evidentemente ilusória numa época em que a cultura mental que essa fácil libertação supõe, já se tornou muito comum, ou antes quase universal, pelo menos na França. Assim, o expediente empírico sugerido pelo vão desejo de manter, a todo custo, o antigo regime intelectual, só pode ter como resultado deixar a maior parte dos espíritos ativos desprovida de toda doutrina moral, como frequentemente se vê hoje.

É, portanto, sobretudo em nome da moral que cumpre doravante trabalhar ardentemente para constituir enfim o ascendente universal do espírito positivo, a fim de substituir um sistema decaído que, ora impotente, ora perturbador, exigiria cada vez mais a compreensão mental como condição permanente da ordem moral. Só a nova filosofia pode estabelecer hoje, a respeito de nossos diversos deveres, convicções profundas e ativas, verdadeiramente suscetíveis de sustentar com energia o choque das paixões. De acordo com a teoria positiva da Humanidade, irrecusáveis demonstrações, apoiadas sobre a imensa experiência que agora nossa espécie possui, determinarão exatamente a influência real, direta ou indireta, privada e pública, peculiar a todo ato, a todo hábito e a todo pendor ou sentimento; de onde naturalmente resultarão, como outros tantos corolários inevitáveis, as regras de conduta, tanto gerais como especiais, mais conformes à ordem universal e que, por conseguinte, deverão ser ordinariamente mais favoráveis à felicidade individual. Apesar da dificuldade desse grande assunto, ouso assegurar que, convenientemente tratado, comporta conclusões tão certas quanto as da própria geometria.

Não se pode, sem dúvida, esperar jamais tornar suficientemente acessíveis a todas as inteligências essas provas positivas de várias regras morais destinadas, no entanto, à vida comum; mas isso já acontece com as diversas prescrições matemáticas que, no entanto, são aplicadas sem hesitação nas mais graves ocasiões, quando, por exemplo, nossos marinheiros arriscam diariamente sua existência, fiados em teorias astronômicas que absolutamente não conhecem.

Por que igual confiança não seria concedida também a noções ainda mais importantes? É, por outro lado, é incontestável que a eficácia normal de semelhante regime exige, em cada caso, além de poderoso impulso resultante naturalmente dos preconceitos públicos, a intervenção sistemática, ora passiva, ora ativa, de uma autoridade espiritual, destinada a lembrar com energia as máximas fundamentais e a dirigir-lhes criteriosamente a aplicação, como já expliquei de modo especial na obra anteriormente mencionada. Desempenhando assim a grande função social que o catolicismo não exerce mais, esse novo poder moral utilizará cuidadosamente a feliz aptidão da filosofia correspondente para incorporar em si espontaneamente a sabedoria real dos diversos regimes anteriores, segundo a tendência ordinária do espírito positivo em relação a qualquer assunto. Quando a astronomia moderna afastou de modo irrevogável os princípios astrológicos, não deixou, contudo, de conservar preciosamente todas as noções verdadeiras obtidas sob o domínio desses princípios; o mesmo ocorreu com a química em relação à alquimia.

Sem poder empreender aqui a apreciação moral da filosofia positiva, é preciso, no entanto, assinalar a tendência contínua que resulta diretamente de sua própria constituição, tanto científica como lógica, para estimular e consolidar o sentimento do dever, desenvolvendo sempre o espírito de conjunto que a ele está naturalmente ligado. Esse novo regime mental dissipa espontaneamente a fatal oposição que, desde o fim da Idade Média, existe cada vez mais entre as necessidades intelectuais e as necessidades morais. Doravante, ao contrário, todas as especulações reais, convenientemente sistematizadas, concorrerão sem cessar para constituir, tanto quanto possível, a universal preponderância da moral, pois o ponto de vista social há de tornar-se nelas necessariamente o laço científico e o regulador lógico de todos os outros aspectos positivos. É impossível que semelhante coordenação, desenvolvendo familiarmente as ideias de ordem e harmonia, sempre ligadas à Humanidade, não tenda a moralizar profundamente não só os espíritos de elite, como também a massa das inteligências, que deverão todas participar mais ou menos dessa grande iniciação, por meio de um sistema conveniente de educação universal.

Uma apreciação mais íntima e mais extensa, ao mesmo tempo prática e teórica, representa o espírito positivo como sendo, por sua natureza, o único suscetível de desenvolver diretamente o sentimento social, primeira base necessária de toda sã moral. O antigo regime mental não podia estimulá-la senão com o auxílio de penosos artifícios indiretos, cujo êxito real devia ser muito imperfeito, em vista da tendência essencialmente pessoal de semelhante filosofia, quando a sabedoria sacerdotal não neutralizava sua influência espontânea. Esta necessidade é agora reconhecida, pelo menos empiricamente, quanto ao espírito metafísico propriamente dito, que não pôde nunca levar, em moral, a nenhuma outra teoria efetiva a não ser o desastroso sistema de egoísmo, tão usado hoje, apesar de muitas declamações contrárias; mesmo as seitas ontológicas que protestaram seriamente contra semelhante aberração não a substituíram senão por vagas ou incoerentes noções, incapazes de eficácia prática. Uma tendência tão deplorável e, contudo, tão constante, deve ter raízes mais profundas do que comumente se supõe. Ela resulta, com efeito, sobretudo da natureza necessariamente pessoal de semelhante filosofia que, sempre limitada à consideração do indivíduo, nunca pôde abranger realmente o estudo da espécie, por uma consequência inevitável de seu vão princípio lógico, essencialmente reduzido à intuição propriamente dita, que não comporta evidentemente nenhuma aplicação coletiva. Suas fórmulas ordinárias apenas ingenuamente traduzem seu espírito fundamental; para cada um de seus adeptos o pensamento dominante é sempre aquele do eu: *todas e quaisquer outras existências, mesmo humanas, são confusamente envolvidas numa única concepção negativa e seu vago conjunto constitui o não-eu; a noção de nós não poderia encontrar aí nenhum lugar direto e distinto.*

Mas examinando esse assunto ainda mais profundamente, deve-se reconhecer que, a esse respeito como sob qualquer outro aspecto, a metafísica deriva, tanto dogmática como historicamente, da própria teologia, da qual não podia jamais constituir senão uma modificação dissolvente. Com efeito, esse caráter de personalidade constante pertence sobretudo, com uma energia mais direta, ao pensamento teológico, sempre preocupado, em cada crente, com interesses essencialmente individuais, cuja imensa preponderância absorve necessariamente qualquer outra consideração, sem que o mais sublime devotamento possa inspirar sua verdadeira abnegação justamente considerada então como perigosa aberração. Somente a oposição frequente desses interesses quiméricos aos interesses reais forneceu à sabedoria sacerdotal um poderoso meio de disciplina moral, que pôde com frequência impor, em proveito da sociedade, admiráveis sacrifícios que, no entanto, só o eram na aparência, pois sempre se reduziam a uma prudente ponderação de interesses.

Os sentimentos benévolos e desinteressados, que são próprios da natureza humana, sem dúvida tiveram de se manifestar por meio desse regime, e mesmo, sob certos aspectos, sob seu impulso indireto; mas, embora sua expansão não tenha podido ser assim comprimida, seu caráter teve de receber dele uma grave alteração, que provavelmente ainda não nos permite conhecer plenamente sua natureza e sua intensidade, por falta de um exercício próprio e direto. Há toda razão de presumir, aliás, que esse hábito contínuo de cálculos pessoais em relação aos mais caros interesses do crente desenvolveu no homem, mesmo sob qualquer outro aspecto, por vias de afinidade gradual, um excesso de circunspecção, de previdência e, finalmente, de egoísmo, que sua organização fundamental não exigia e que desde então poderia um dia diminuir sob um melhor regime moral. Seja o que for dessa conjetura, é incontestável que o pensamento teológico é, por sua natureza, essencialmente individual e jamais diretamente coletivo.

Aos olhos da fé, sobretudo monoteica, a vida social não existe, por falta de um objetivo que lhe seja próprio; a sociedade humana não pode então oferecer imediatamente senão uma simples aglomeração de indivíduos, cuja reunião é quase tão fortuita quanto passageira e que, cada um dos quais, ocupado somente com a sua própria salvação, não concebe participar naquela dos outros, a não ser como poderoso meio de merecer mais a sua, obedecendo às prescrições supremas que lhe impuseram essa obrigação. Merecerá sempre nossa respeitosa admiração a prudência sacerdotal que, sob o feliz impulso do instinto público, soube tirar durante muito tempo grande utilidade prática de uma filosofia tão imperfeita. Mas esse justo reconhecimento não poderia ir até o ponto de prolongar artificialmente esse regime inicial para além de seu destino provisório, quando chegou enfim a época de uma economia mais conforme com o conjunto de nossa natureza intelectual e afetiva.

O espírito positivo, ao contrário, é diretamente social, tanto quanto possível e sem nenhum esforço, em virtude de sua realidade característica. Para ele, o homem propriamente dito não existe, só pode existir a Humanidade, pois todo nosso desenvolvimento é devido à sociedade, sob qualquer aspecto que o consideremos. Se a ideia de sociedade parece ainda uma abstração de nossa inteligência, é sobretudo em virtude do antigo regime filosófico; de fato, dizendo a verdade, é à ideia de *indivíduo que pertence semelhante caráter, pelo menos em nossa espécie. O conjunto da nova filosofia tenderá sempre a fazer sobressair, tanto na vida ativa como na especulativa, a ligação de cada um a todos, sob uma série de aspectos diversos, de modo a tornar involuntariamente familiar o sentimento íntimo da solidariedade social, convenientemente estendida a todos os tempos e a todos os lugares. Não somente a ativa busca do bem público será sempre representada como a maneira mais conveniente de assegurar a felicidade privada; mas, por uma influência, ao mesmo tempo mais direta e mais pura, finalmente mais eficaz, o exercício tão completo quanto possível dos pendores generosos se tornará a principal fonte da felicidade pessoal, mesmo quando não deva excepcionalmente proporcionar outra recompensa além de uma inevitável satisfação interior. De fato, se, como não se poderia duvidar, a felicidade resulta sobretudo de uma sábia atividade, ela deve depender principalmente dos instintos simpáticos, embora nossa organização não lhes conceda ordinariamente uma energia preponderante; porquanto os sentimentos benévolos são os únicos que podem se desenvolver com inteira liberdade no estado social que, abrindo-lhes um campo indefinido, os estimula naturalmente cada vez mais, enquanto exige necessariamente certa compressão permanente dos impulsos pessoais, cujo surto espontâneo suscita conflitos contínuos.*

Nessa vasta expansão social, todos encontrarão a satisfação normal dessa tendência de se eternizar, que não podia antes ser satisfeita senão com o auxílio de ilusões doravante incompatíveis com nossa evolução mental. Não podendo mais se prolongar senão pela espécie, o indivíduo será assim levado a incorporar-se nela o mais completamente possível, ligando-se profundamente a toda a sua existência coletiva, não só atual mas também passada e sobretudo futura, de modo a obter toda a intensidade de vida que comporta, em cada caso, o conjunto das leis reais. Essa grande identificação poderá tornar-se tanto mais íntima e mais bem sentida quanto a nova filosofia consigna necessariamente para as duas espécies de vida um mesmo destino fundamental e uma única lei de evolução, consistindo sempre, seja para o indivíduo, seja para a espécie, na progressão contínua, cujo fim principal foi anteriormente caracterizado, isto é, a tendência a fazer prevalecer, de um e de outro lado, tanto quanto possível, o atributo humano ou a combinação da inteligência com a sociabilidade, sobre a animalidade propriamente dita. Não sendo desenvolvíveis nossos sentimentos de qualquer tipo, a não ser por um exercício direto e prolongado, tanto mais indispensável quanto são menos enérgicos de início, seria supérfluo insistir mais aqui junto de quem quer que possua, mesmo empiricamente, um verdadeiro conhecimento do homem, para demonstrar a superioridade necessária do espírito positivo sobre o antigo espírito teológico-metafísico, quanto ao desenvolvimento próprio e ativo do instinto social. Essa preeminência é de uma natureza de tal forma sensível que, sem dúvida, a razão pública a reconhecerá suficientemente, muito tempo antes de terem as instituições correspondentes podido realizar convenientemente suas felizes propriedades.

De acordo com o conjunto das indicações precedentes, a superioridade espontânea da nova filosofia sobre cada uma daquelas que hoje disputam entre si o predomínio se encontra agora tão plenamente caracterizada sob o aspecto social, como já o era sob o ponto de vista social, tanto pelo menos quanto o comporta este *Discurso, e salvo o recurso indispensável de recorrer à obra citada. Terminando esta sumária apreciação, importa notar aqui a feliz correlação que se estabelece naturalmente entre semelhante espírito filosófico e as disposições, sábias mas empíricas, que a experiência contemporânea faz doravante prevalecer sempre mais, tanto entre os governados como entre os governantes. Substituindo diretamente um imenso movimento mental a uma estéril agitação política, a escola positiva explica e sanciona, de acordo com um exame sistemático, a indiferença ou a repugnância que a razão pública e a prudência dos governos concordam em manifestar hoje por toda séria elaboração direta das instituições propriamente ditas, numa época em que não podem existir eficácias senão com um caráter puramente provisório ou transitório, por falta de qualquer base racional suficiente enquanto durar a anarquia intelectual. Destinada a dissipar enfim essa desordem fundamental, pelas únicas vias que possam dominá-la, essa nova escola necessita, antes de tudo, da manutenção contínua da ordem material, tanto interior como exterior, sem a qual nenhuma grave meditação social poderia ser convenientemente acolhida ou mesmo suficientemente elaborada. Ela tende, portanto, a justificar e secundar a preocupação muito legítima que hoje inspira por toda parte o único grande resultado político imediatamente compatível com a situação atual, a qual, além disso, lhe proporciona um valor especial pelas graves dificuldade que lhe suscita, pondo sempre o problema, insolúvel com o decorrer do tempo, de manter uma certa ordem política no meio de profunda desordem moral.*

Além de seus trabalhos para o futuro, a escola positiva se associa imediatamente a essa importante operação por sua tendência direta a desacreditar radicalmente as diversas escolas atuais, preenchendo, desde já, melhor do que cada uma delas, os ofícios opostos que ainda lhes restam, e que só ela combina espontaneamente de modo a mostrar-se logo mais orgânica do que a escola teológica e mais progressiva do que a escola metafísica, sem jamais poder comportar os perigos de retrogradação ou de anarquia que lhes são respectivamente peculiares. Desde que os governos renunciaram essencialmente, embora de modo implícito, a toda séria restauração do passado e as populações a toda grave destruição das instituições, a nova filosofia não tem mais a pedir a ambos senão as disposições habituais que todos estão, no fundo, preparados para lhe conceder (pelo menos na França, onde se deve realizar, em primeiro lugar, a elaboração sistemática), isto é, liberdade e atenção. Sob essas condições naturais, a escola positiva tende, por um lado, a consolidar todos os poderes atuais nas mãos de seus possuidores, quaisquer que sejam e, por outro, a impor-lhes obrigações morais cada vez mais conformes às verdadeiras necessidades dos povos.

Essas disposições incontestáveis parecem de início não dever hoje deixar à nova filosofia outros obstáculos essenciais senão aqueles provenientes da incapacidade ou da incúria de seus diversos promotores. Mas uma apreciação mais madura mostra, ao contrário, que deve encontrar enérgicas resistências em quase todos os espíritos agora ativos, em virtude mesmo da difícil renovação que ela exigiria deles para associá-los diretamente à sua principal elaboração. Se essa inevitável oposição devesse limitar-se aos espíritos essencialmente teológicos ou metafísicos, ofereceria pequena gravidade real, porque lhe restaria um poderoso apoio neles, cujo número e influência crescem diariamente, e que estão sobretudo entregues aos estudos positivos. Mas, por uma fatalidade facilmente explicável, é desses mesmos que a nova escola deve talvez esperar menos assistência e mais entraves: uma filosofia diretamente emanada das ciências deverá encontrar provavelmente seus mais perigosos inimigos entre aqueles que as cultivam hoje. A principal fonte desse deplorável conflito consiste na especialização cega e dispersiva que caracteriza profundamente o espírito científico atual, em virtude de sua formação necessariamente parcial, conforme a complicação crescente dos fenômenos estudados, como adiante vou indicá-lo de modo expresso.

Essa marcha provisória, que uma perigosa rotina acadêmica se esforça hoje por eternizar, sobretudo entre os geômetras, desenvolve a verdadeira positividade, em cada inteligência, somente em relação a uma pequena parte do sistema mental, e deixa todo o resto sob um vago regime teológico-metafísico, ou o abandona a um empirismo ainda mais opressivo, de modo que o verdadeiro espírito positivo, que corresponde ao conjunto dos diversos trabalhos científicos, não pode, no fundo, ser plenamente compreendido por nenhum daqueles que assim naturalmente o prepararam. Sempre mais entregues a essa inevitável tendência, os sábios propriamente ditos são ordinariamente conduzidos em nosso século a uma insuperável aversão contra toda ideia geral e conta a completa impossibilidade de realmente apreciar qualquer concepção filosófica. De resto, se perceberia melhor a gravidade de semelhante oposição, observando que, oriunda dos hábitos mentais, teve de se estender em seguida até os diversos interesses correspondentes, que nosso regime científico liga profundamente, sobretudo na França, a essa desastrosa especialidade, como o demonstrei cuidadosamente na obra citada. Assim, a nova filosofia, que exige diretamente o espírito de conjunto e que faz prevalecer para sempre a ciência nascente do desenvolvimento social sobre todos os estudos hoje constituídos, há de encontrar necessariamente uma íntima antipatia, a um tempo ativa e passiva, nos preconceitos e nas paixões da única classe que pôde lhe oferecer diretamente um ponto de apoio especulativo e da qual não deve esperar durante muito tempo senão adesões puramente individuais, mais raras aí do que em qualquer outro lugar[3].

---

(3) Essa preponderância empírica do espírito de detalhe na maioria dos cientistas atuais, de sua cega antipatia por toda e qualquer generalização se encontram muito agravadas, especialmente na França, por sua reunião habitual em academias, onde os diversos preconceitos analíticos se fortificam

Para superar convenientemente esse concurso espontâneo de resistências diversas que lhe apresenta hoje a massa especulativa propriamente dita, a escola positiva não poderia encontrar outro recurso geral senão organizar um apelo direto e contínuo ao bom senso universal, esforçando-se daqui por diante em propagar sistematicamente, na massa ativa, os principais estudos científicos próprios para aí constituírem a base indispensável de sua grande elaboração filosófica. Esses estudos preliminares, naturalmente dominados até aqui por esse espírito de especialidade empírica que preside as ciências correspondentes, são sempre concebidos e dirigidos como se cada um deles devesse especialmente preparar para certa profissão exclusiva, o que interdiz evidentemente a possibilidade, mesmo entre aqueles que tivessem mais lazer, de jamais abraçar vários deles, ou pelo menos tantos quantos o exija a formação ulterior de sadias concepções gerais. Mas não pode mais ser assim, quando semelhante instrução é destinada de modo direto à educação universal, que lhe muda necessariamente o caráter e a direção apesar de qualquer tendência contrária. O público, com efeito, que não quer tornar-se nem geômetra nem astrônomo nem químico etc., experimenta continuamente a necessidade simultânea de todas as ciências fundamentais, reduzidas cada uma delas a suas noções essenciais: ele precisa, segundo a expressão muito notável de nosso grande Molière, *luzes acerca de tudo. Essa simultaneidade necessária não existe somente para ele quando considera esses estudos em seu destino abstrato e geral como única base racional do conjunto das concepções humanas: ele a encontra ainda, embora menos diretamente, até nas diversas aplicações concretas, cada uma das quais, no fundo, em vez de referir-se exclusivamente a determinado ramo da filosofia natural, depende também mais ou menos de todos os outros.*

Assim, a universal propagação dos principais estudos positivos não é somente destinada hoje a satisfazer uma necessidade já muito pronunciada no público, que sente sempre mais, não serem as ciên-

---

mutuamente e onde, além disso, muito freqüentemente se desenvolvem interesses abusivos, onde enfim se organiza espontaneamente uma espécie de insurreição permanente contra o regime sintético que deve doravante prevalecer. O instinto de progresso que caracterizava, há meio século, o gênio revolucionário, havia confusamente sentido esses perigos essenciais, de modo a determinar a supressão direta dessas companhias atrasadas que, convindo somente à elaboração preliminar do espírito positivo, se tornavam cada vez mais hostis à sua sistematização final. Embora essa audaciosa medida, em geral tão mal julgada, fosse então prematura, porque esses graves inconvenientes não podiam ainda ser bem reconhecidos, é contudo certo que essas corporações científicas já haviam realizado o principal ofício que sua natureza comportava: depois de sua restauração, sua influência real foi, no fundo, muito mais nociva do que útil à marcha atual da grande evolução mental.

cias reservadas exclusivamente aos sábios, mas que existem sobretudo para ele mesmo. Por uma feliz reação espontânea, semelhante destino, quando for convenientemente desenvolvido, deverá melhorar radicalmente o espírito científico atual, despojando-o de sua especialidade cega e dispersiva, para fazê-lo adquirir pouco a pouco o verdadeiro caráter filosófico, indispensável para sua principal missão. Esse caminho é mesmo o único que possa, em nossos dias, constituir gradualmente, fora da classe especulativa propriamente dita, um vasto tribunal espontâneo, tão imparcial como irrecusável, formado pela massa dos homens sensatos, diante do qual virão extinguir-se irrevogavelmente muitas opiniões científicas falsas, que a visão peculiar à elaboração preliminar dos dois últimos séculos misturou profundamente às doutrinas verdadeiramente positivas, que serão por elas submetidas ao bom senso universal. Numa época em que não se deve esperar eficácia imediata senão de medidas sempre provisórias, bem adaptadas à nossa situação transitória, a organização necessária de semelhante ponto de apoio geral para o conjunto dos trabalhos filosóficos constitui, a meus olhos, o principal resultado social que possa produzir agora a inteira vulgarização dos conhecimentos reais: o público prestará, assim, à nova escola, serviços plenamente equivalentes aos que essa organização lhe deverá proporcionar.

Esse grande resultado não poderia ser suficientemente obtido se esse ensino contínuo fosse destinado a uma única classe qualquer, mesmo muito extensa: deve-se ter nele sempre em vista, sob pena de aborto, a completa universalidade das inteligências. No estado normal que esse movimento deve preparar, todas experimentarão sempre, sem nenhuma exceção nem distinção, a mesma necessidade fundamental dessa filosofia primeira, resultante do conjunto das noções reais e que deve se tornar então a base sistemática da sabedoria humana, tanto ativa como especulativa, de maneira a preencher mais convenientemente a indispensável missão social que dependia outrora da instrução cristã universal. Importa, portanto, que, desde sua origem, a nova escola filosófica desenvolva, tanto quanto possível, esse grande caráter elementar de universalidade social que, finalmente relativo a seu principal destino, constituirá hoje sua maior força contra as diversas resistências que deve encontrar.

A fim de assinalar melhor essa tendência necessária, uma íntima convicção, de início intuitiva, depois sistemática, me determinou há muito tempo a representar sempre o ensino exposto neste *Tratado como sendo dirigido principalmente à classe mais numerosa, que nossa situação deixa desprovida de toda instrução regular, em con-sequ*ência do desuso crescente da instrução puramente teológica que, substituída provisoriamente só para os letrados por uma certa instrução metafísica e literária, não pôde receber, sobretudo na França, nenhum equivalente análogo para a massa popular. A importância e a novidade de semelhante disposição constante, meu vivo desejo de que seja convenientemente apreciada, e mesmo, se ouso dizê-lo, limitada, me obriga a indicar aqui os principais motivos desse contato especial que a nova escola filosófica deve assim especialmente instituir hoje com os proletários, sem que todavia seu ensino deva jamais excluir qualquer outra classe. É fácil reconhecer, em geral, que quaisquer que sejam os obstáculos que a falta de zelo ou de elevação possa realmente acarretar, de um e de outro lado, a semelhante aproximação, de todas as porções da sociedade atual, o povo propriamente dito deve ser, no fundo, a mais bem disposta pelas tendências e pelas necessidades que resultam de sua ação característica, a acolher favoravelmente a nova filosofia, que deve enfim nele encontrar seu principal apoio, tanto mental como social.

Uma primeira consideração que importa aprofundar, embora sua natureza seja sobretudo negativa, resulta, a esse respeito, de uma judiciosa apreciação do que, à primeira vista, poderia parecer apresentar grave dificuldade, isto é, a ausência atual de toda cultura especulativa. Sem dúvida é lamentável, por exemplo, que esse ensino popular de filosofia astronômica ainda não encontre em todos aqueles aos quais é especialmente destinado alguns conhecimentos matemáticos preliminares que haviam de torná-lo ao mesmo tempo mais eficaz e mais fácil, e cuja existência sou mesmo forçado a supor. Mas a mesma lacuna se encontraria também na maioria das outras classes atuais, nesta época em que a instrução positiva está limitada, na França, a certas profissões especiais que se ligam essencialmente à Escola Politécnica ou às escolas de medicina. Não é, portanto, isso uma falha verdadeiramente específica de nossos proletários. Quanto à sua falta habitual dessa espécie de cultura regular que as classes instruídas hoje recebem, não receio cair num exagero filosófico ao afirmar que disso resulta, para os espíritos populares, uma notável vantagem, em vez de um inconveniente real.

Sem voltar aqui a uma crítica infelizmente demasiado fácil, bastante elaborada há muito tempo e que a experiência diária confirma cada vez mais aos olhos da maioria dos homens sensatos, seria difícil conceber agora uma preparação mais irracional e, no fundo, mais perigosa à conduta costumeira da vida real, tanto ativa como especulativa, do que aquela resultante dessa vã instrução, composta primeiro de palavras, depois de entidades, na qual se perdem ainda tantos anos preciosos de nossa juventude. Para a maioria daqueles que a recebem, já não inspira praticamente senão um desgosto quase insuperável de todo trabalho intelectual durante toda a duração de sua carreira; mas seus perigos se tornam muito mais graves para aqueles que a ela se entregam de modo mais específico. A inaptidão para a vida real, o desdém pelas profissões vulgares, a incapacidade de convenientemente apreciar qualquer concepção positiva e a antipatia que disso logo resulta, frequentemente os dispõem hoje a apoiar uma estéril agitação metafísica que inquietas pretensões pessoais, desenvolvidas por essa desastrosa educação, não tardam a tornar politicamente perturbadora, sob a influência direta de uma viciosa erudição histórica que, fazendo prevalecer uma falsa noção do tipo social peculiar à Antiguidade, comumente impede compreender a sociabilidade moderna.

Considerando que quase todos aqueles que, sob diversos aspectos, dirigem agora os negócios humanos foram para isso assim preparados, não nos pode causar surpresa a vergonhosa ignorância que muitas vezes manifestam sobre os assuntos mais insignificantes, mesmo materiais, nem de sua frequente disposição a negligenciar o fundo pela forma, colocando acima de tudo a arte de bem dizer, por mais contraditória ou perniciosa que se torne sua aplicação, nem enfim pode nos surpreender a tendência especial de nossas classes letradas a acolher avidamente todas as aberrações que diariamente surgem de nossa anarquia mental. Semelhante apreciação dispõe, ao contrário, a admirar que esses diversos desastres não sejam ordinariamente mais extensos; ela nos conduz também a admirar profundamente a retidão e a sabedoria naturais do homem que, sob o feliz impulso próprio ao conjunto de nossa civilização, neutraliza espontaneamente, em grande parte, essas perigosas consequências de um absurdo sistema de educação geral.

Esse sistema, tendo sido, desde o fim da Idade Média como ainda o é, o principal ponto de apoio social do espírito metafísico, seja primeiramente contra a teologia, seja em seguida também contra a ciência, concebe-se facilmente que as classes que não pôde envolver devem encontrar-se por isso mesmo muito menos afetadas por essa filosofia transitória e desde então mais bem dispostas ao estado positivo. Ora, essa é a importante vantagem que a ausência de educação escolástica proporciona hoje a nossos proletários e os torna, no fundo, menos acessíveis que a maioria dos letrados aos diversos sofismas perturbadores, de conformidade com a experiência diária, apesar de uma contínua excitação, sistematicamente dirigida às paixões relativas à sua condição social. Eles deveriam ser outrora profundamente dominados pela teologia, especialmente a católica; mas, durante sua emancipação mental, a metafísica não pôde senão penetrar neles por não ter neles encontrado a cultura especial sobre a qual ela repousa: só a filosofia positiva poderá, de novo, se apoderar deles radicalmente. As condições preliminares, tão recomendadas pelos primeiros pais dessa filosofia final, devem se encontrar aí mais bem preenchidas do que em qualquer outra parte: se a célebre *tábua rasa de Bacon e de Descartes fosse alguma vez plenamente realizável, seria seguramente entre os proletários atuais que, principalmente na França, estão muito mais próximos do que qualquer outra classe do tipo ideal dessa disposição preparatória para a positividade racional.*

Examinando sob um aspecto mais íntimo e mais duradouro essa inclinação natural das inteligências populares para a sã filosofia, reconhece-se facilmente que ela deve sempre resultar da solidariedade fundamental que, segundo nossas explicações anteriores, liga diretamente o verdadeiro espírito filosófico ao bom senso universal, sua primeira fonte necessária. Com efeito, esse bom senso, tão justamente preconizado por Descartes e por Bacon, deve hoje se encontrar mais puro e mais enérgico entre as classes inferiores, em virtude mesmo dessa feliz falta de cultura escolástica que as torna menos acessíveis aos hábitos vagos ou sofísticos. A essa diferença passageira, que dissipará gradualmente uma melhor educação das classes letradas, é preciso juntar outra, necessariamente permanente, relativa à influência mental das diversas funções sociais próprias às duas ordens de inteligência, conforme o caráter respectivo de seus trabalhos habituais. Desde que a ação real da Humanidade sobre o mundo exterior começou a organizar-se espontaneamente entre os modernos, exige a combinação contínua de duas classes distintas, muito desiguais em número, mas igualmente indispensáveis: de um lado, os empreendedores propriamente ditos, sempre pouco numerosos que, possuindo os diversos materiais convenientes, entre os quais o dinheiro e o crédito, dirigem o conjunto de cada operação, assumindo desde então a principal responsabilidade de quaisquer resultados; de outro lado, os operadores diretos, vivendo de um salário periódico e formando a imensa maioria dos trabalhadores que executam, com uma espécie de intenção abstrata, os diversos atos elementares, sem se preocuparem especialmente com o seu concurso final. Estes últimos são os únicos a entrar em ação imediata sobre a natureza, ao passo que os primeiros lidam principalmente com a sociedade. Como consequência necessária dessas diversidades fundamentais, a eficácia especulativa que reconhecemos inerente à vida industrial para desenvolver de modo involuntário o espírito positivo deve em geral fazer-se sentir melhor entre os operadores do que entre os empreendedores, porque seus trabalhos próprios oferecem um caráter mais simples, um objetivo mais nitidamente determinado, resultados mais próximos e condições mais imperiosas.

A escola positiva deverá, pois, encontrar neles naturalmente um acesso mais fácil para seu ensino universal e uma simpatia mais viva por sua renovação filosófica, quando puder convenientemente penetrar nesse vasto meio social. Há de encontrar aí, ao mesmo tempo, afinidades morais não menos preciosas que essas harmonias mentais, em consequência desse usual desinteresse material que espontaneamente aproxima nossos proletários da verdadeira classe contemplativa, pelo menos quando esta houver adquirido enfim os costumes correspondentes a seu destino social. Essa feliz disposição, tão favorável à ordem universal como à verdadeira felicidade pessoal, haverá de adquirir um dia grande importância moral, em virtude da sistematização das relações gerais que devem existir entre esses dois elementos extremos da sociedade positiva. Mas, desde já, ela pode facilitar essencialmente sua união nascente, aproveitando a pouca folga que as ocupações diárias deixam a nossos proletários para sua instrução especulativa. Se, em alguns casos excepcionais de extrema sobrecarga, esse contínuo obstáculo parece, com efeito, dever impedir todo desenvolvimento mental, é ordinariamente compensado por esse caráter de sábia imprevidência que, em cada interrupção natural dos trabalhos obrigatórios, concede ao espírito uma plena disponibilidade. O verdadeiro lazer não deve faltar habitualmente senão à classe que acredita possuí-lo especialmente, porque, em razão mesmo de sua riqueza e de sua posição, ela fica comumente preocupada com ativas inquietações que não comportam jamais senão uma verdadeira calma intelectual e moral. Esse estado deve ser fácil, ao contrário, seja para os pensadores, seja para os operários, em virtude de sua comum isenção espontânea dos cuidados relativos ao emprego dos capitais e independentemente da regularidade natural de sua vida diária.

Quando essas diferentes tendências, mentais e morais, tiverem convenientemente agido, é portanto entre os proletários que deverá se realizar melhor essa propagação universal do ensino positivo, condição indispensável para a realização gradual da renovação filosófica. É também entre eles que o caráter contínuo de semelhante estudo poderá se tornar mais puramente especulativo, porque se achará aí mais isento dessa visão interessada que lhe aplicam, mais ou menos diretamente, as classes superiores, quase sempre preocupadas com cálculos ávidos ou ambiciosos. Depois de haver procurado primeiramente o fundamento universal de toda a sabedoria humana, eles virão haurir nesse estudo, como nas belas artes, uma agradável diversão habitual ao conjunto de suas fadigas diárias. Devendo sua inevitável condição social tornar-lhes muito mais preciosa semelhante diversão, científica ou estética, seria estranho que as classes dirigentes quisessem ver nisso, ao contrário, um motivo fundamental para conservá-los privados dela, recusando-lhes sistematicamente a única satisfação que possa ser concedida de modo indefinido àqueles mesmos que devem renunciar criteriosamente ao usufruto menos suscetível de uma participação comum. Para justificar semelhante recusa, muitas vezes ditada pelo egoísmo e pela irreflexão, objeta-se algumas vezes, é verdade, que essa vulgarização especulativa tenderia a agravar profundamente a desordem contemporânea, desenvolvendo a funesta disposição, já muito pronunciada, à universal mudança de classes. Mas esse temor natural, única objeção séria que, a esse respeito, mereça uma verdadeira discussão, resulta hoje, na maioria dos casos em que há boa-fé, de uma irracional confusão da instrução positiva, a um tempo estética e científica, com a instrução metafísica e literária, única atualmente organizada. Esta, com efeito, que já reconhecemos exercer uma ação social muito perturbadora sobre as classes letradas, tornar-se-ia muito mais perigosa se a estendêssemos aos proletários, nos quais desenvolveria, além do desgosto pelas ocupações materiais, exorbitantes ambições. Mas, felizmente, eles em geral estão ainda menos dispostos a pedi-la do que as classes dirigentes a concedê-la.

Apesar da alta importância dos diversos motivos precedentes, considerações ainda mais poderosas determinarão sobretudo as inteligências populares a apoiar hoje a ação filosófica da escola positiva por seu ardor contínuo pela propagação universal dos estudos reais que se referem às principais necessidades coletivas próprias da condição social dos proletários. Podem ser resumidas neste apanhado geral: não pôde até aqui existir uma política especialmente popular e só a nova filosofia pode constituí-la.

Desde o começo da grande crise moderna, o povo não interveio ainda nas principais lutas políticas senão como simples auxiliar, com a esperança, sem dúvida, de obter assim alguns melhoramentos de sua situação geral, mas não segundo uma visão e um objetivo que lhe fossem realmente próprios. Todos os debates habituais ficaram essencialmente concentrados nas diversas classes superiores ou médias, porque se referiam sobretudo à posse do poder. Ora, o povo não podia, durante muito tempo, interessar-se diretamente por esses conflitos, pois a natureza de nossa civilização impede evidentemente que os operários esperem e mesmo desejem qualquer participação importante no poder político propriamente dito. Por isso, depois de terem essencialmente obtido todos os resultados sociais que podiam esperar da substituição provisória dos metafísicos e dos legistas à antiga preponderância política das classes sacerdotais e feudais, eles se tornam hoje cada vez mais indiferentes ao estéril prolongamento dessas lutas sempre mais miseráveis, já quase reduzidas a vãs rivalidades pessoais.

Quaisquer que sejam os esforços diários da agitação metafísica para fazê-los intervir nesses frívolos debates, pelo engodo dos chamados direitos políticos, o instinto popular já compreendeu, especialmente na França, o quanto seria ilusória ou pueril a posse de semelhante privilégio que, mesmo em seu grau atual de disseminação, não inspira habitualmente nenhum interesse verdadeiro à maioria daqueles que o usufruem com exclusividade. O povo não pode se interessar essencialmente senão pelo emprego efetivo do poder, quaisquer que sejam as mãos em que esteja, e não por sua conquista especial. Logo que as questões políticas, ou antes desde então sociais, se referirem ordinariamente à maneira pela qual o poder deve ser exercido para melhor atingir seu destino geral, principalmente relativo, entre os modernos, à massa proletária, não se tardará a reconhecer que o desdém atual não é de modo algum o resultado de uma perigosa indiferença: até lá, a opinião popular ficará estranha a esses debates que, aos olhos dos bons espíritos, aumentando a instabilidade de todos os poderes, tendem especialmente a retardar essa indispensável transformação. Numa palavra, o povo está naturalmente disposto a desejar que a vã e tempestuosa discussão dos direitos seja, enfim, substituída por fecunda e salutar apreciação dos diversos deveres essenciais, tanto gerais como especiais.

Esse é o princípio espontâneo da íntima conexão que, sentida cedo ou tarde, há de necessariamente ligar o instinto popular à ação social da filosofia positiva, porque essa grande transformação equivale evidentemente àquela, anteriormente motivada pelas mais altas considerações especulativas, do movimento político atual num simples movimento filosófico, cujo primeiro e principal resultado social consistirá, com efeito, em constituir solidamente uma ativa moral universal, prescrevendo a cada agente, individual ou coletivo, as regras de conduta mais conformes à harmonia fundamental. Quanto mais se meditar sobre essa relação natural, mais se reconhecerá que essa mudança decisiva, que só podia emanar do espírito positivo, não pode encontrar hoje sólido apoio senão no povo propriamente dito, único disposto a bem compreendê-la e por ela se interessar profundamente.

Os preconceitos e as paixões próprios das classes superiores ou médias se opõem conjuntamente a que elas sintam logo suficientemente essa transformação, porque devem habitualmente preocupar-se mais com as vantagens inerentes à posse do poder do que com os perigos resultantes de seu vicioso exercício. Se o povo é hoje e deve doravante permanecer indiferente à posse direta do poder político, não pode nunca renunciar à sua indispensável participação contínua no poder moral que, único verdadeiramente acessível a todos, sem nenhum perigo para a ordem universal, antes de grande vantagem quotidiana para ela, autoriza cada um a lembrar convenientemente aos mais altos poderes o cumprimento de seus diversos deveres essenciais, em nome de uma doutrina fundamental comum. Na verdade, os preconceitos inerentes ao estado transitório ou revolucionário devem ter tido também alguma acolhida entre nossos proletários; entretêm neles, de fato, ilusões prejudiciais sobre o alcance indefinido das medidas políticas propriamente ditas e impedem que apreciem quanto a justa satisfação dos grandes interesses populares depende hoje mais das opiniões e dos costumes do que das próprias instituições, cuja verdadeira regeneração, atualmente impossível, exige antes de tudo a reorganização espiritual. Mas podemos assegurar que a escola positiva terá muito mais facilidade em fazer penetrar esse salutar ensino nos espíritos populares do que em quaisquer outros, seja porque a metafísica negativa não pôde enraizar-se tanto neles, seja sobretudo pelo impulso constante das necessidades sociais peculiares à sua situação necessária. Essas necessidades se referem essencialmente a duas condições fundamentais, uma espiritual, outra temporal, de natureza profundamente conexa: trata-se, com efeito, de assegurar convenientemente a todos, primeiro, a educação normal, em seguida, o trabalho regular; esse é, no fundo, o verdadeiro programa social dos proletários. Não pode mais existir verdadeira popularidade senão para a política que necessariamente tender para esse duplo destino. Ora, esse é evidentemente o caráter espontâneo da doutrina social própria da nova escola filosófica; nossas explicações anteriores devem dispensar aqui, a esse respeito, qualquer outro esclarecimento, aliás reservado ao trabalho tão frequentemente indicado neste *Discurso*. *Importa somente acrescentar, sobre este assunto, que a concentração necessária de nossos pensamentos e de nossa atividade sobre a vida real da Humanidade, afastando toda vã ilusão, há de tender especialmente a fortalecer a adesão moral e política do povo propriamente dito à verdadeira filosofia moderna. Com efeito, seu judicioso instinto logo perceberá nesta um novo e poderoso motivo de dirigir sobretudo a prática social para o criterioso e contínuo melhoramento de sua própria condição geral. As quiméricas esperanças inerentes à antiga filosofia teológica conduziram demasiadas vezes, ao contrário, a desdenhar esses progressos ou a afastá-los por uma espécie de adiamento contínuo, em virtude da mínima importância relativa que naturalmente devia deixar-lhes essa eterna perspectiva, imensa compensação espontânea de todas e quaisquer misérias.*

Esta sumária apreciação é suficiente agora para assinalar, sob os diversos aspectos essenciais, a afinidade necessária das classes inferiores com relação à filosofia positiva que, logo que o contato pu-

der se estabelecer plenamente, encontrará nelas seu principal apoio natural, a um tempo mental e social, enquanto a filosofia teológica não convém mais senão às classes superiores, cuja preponderância política ela tende a eternizar, assim como a filosofia metafísica se dirige sobretudo às classes médias, cuja ativa ambição apoia. Todo espírito meditativo deve assim compreender, por fim, a importância verdadeiramente fundamental que apresenta hoje uma sábia divulgação sistemática dos estudos positivos, destinada essencialmente aos proletários, a fim de preparar entre eles uma sã doutrina social. Os diversos observadores que podem se libertar, mesmo momentaneamente, do turbilhão diário concordam agora em deplorar, e certamente com muita razão, a anárquica influência que os sofistas e retóricos exercem em nossos dias.

Mas essas justas queixas ficarão inevitavelmente vazias até que se sinta melhor a necessidade de sair enfim de uma situação mental na qual a educação oficial não pode terminar ordinariamente senão por formar sofistas e retóricos que tendem, em seguida, por meio do tríplice ensino emanado dos jornais, dos romances e dos dramas, a propagar o mesmo espírito entre as classes inferiores que nenhuma instrução regular garante do contágio metafísico, repelido somente por sua razão natural. Embora se deva esperar, a esse título, que os governos atuais poderão perceber logo quanto a universal propagação dos conhecimentos reais pode apoiar cada vez mais seus esforços contínuos para a manutenção da ordem indispensável, não devemos contudo esperar deles, nem mesmo desejar, uma cooperação verdadeiramente ativa nessa grande preparação racional, que deve por muito tempo resultar especialmente do zelo privado e livre, inspirado e sustentado por verdadeiras convicções filosóficas.

A imperfeita observação de uma grosseira harmonia política, sempre comprometida no meio de nossa desordem mental e moral, muito justamente absorve sua solicitude diária e mantém os governos atuais num ponto de vista muito inferior para que possam dignamente compreender a natureza e as condições de semelhante trabalho, cuja importância devemos pedir apenas que entrevejam. Se, por um zelo intempestivo, tentassem dirigi-lo hoje sem o ligarem a uma filosofia bastante decisiva, só conseguiriam alterá-los profundamente, comprometendo sua eficácia e fazendo-o degenerar logo em incoerente acúmulo de especialidades superficiais. Desse modo, a escola positiva, que resultou de ativo e voluntário concurso dos espíritos verdadeiramente filosóficos, não terá durante muito tempo que pedir a nossos governos ocidentais, para desempenhar convenientemente sua grande função social, senão a plena liberdade de exposição e de discussão, equivalente àquela de que já usufruem a escola teológica e a escola metafísica. Uma pode, todos os dias, em suas mil tribunas sagradas, preconizar, à sua vontade, a excelência absoluta de sua eterna doutrina e votar todos os seus adversários a uma irrevogável condenação; a outra, em suas numerosas cátedras que a munificência nacional lhe sustenta, pode diariamente desenvolver, diante de imensos auditórios, a eficácia universal de suas concepções ontológicas e a preeminência indefinida de seus estudos literários.

Sem pretender essas vantagens, que só o tempo deve proporcionar, a escola positiva pede apenas o simples direito de asilo regular nos locais municipais, para aí fazer diretamente apreciar sua aptidão final a satisfazer simultaneamente todas as nossas grandes necessidades sociais, propagando com sabedoria a única instrução sistemática que possa doravante preparar uma verdadeira reorganização, primeiro mental, depois moral, e enfim política. Contanto que esse livre acesso lhe seja sempre garantido, o zelo voluntário e gratuito de seus raros promotores será secundado pelo bom senso universal e, sob o impulso crescente da situação fundamental, jamais temerá sustentar, mesmo a partir deste momento, uma ativa concorrência filosófica com relação aos numerosos e poderosos órgãos, mesmo reunidos, das duas escolas antigas. Ora, já não se deve temer mais que os homens de Estado se afastem gravemente, a esse respeito, da imparcial moderação cada vez mais inerente à sua própria indiferença especulativa: a escola positiva tem mesmo razão para contar, sob esse aspecto, com a benevolência habitual dos mais inteligentes dentre eles, não somente na França, mas em todo o nosso ocidente. Sua vigilância contínua sobre esse ensino livre e popular, se limitará logo a lhe prescrever apenas a permanente condição de uma verdadeira positividade, afastando dele, com inflexível severidade, a introdução, demasiado iminente ainda, das especulações vagas ou sofísticas. Mas, a esse respeito, as necessidades essenciais da escola positiva concorrem diretamente com os deveres naturais dos governos; porque, se estes devem repelir esse abuso em virtude de sua tendência anárquica, aquela, além desse justo motivo, o julga plenamente contrário ao destino fundamental de semelhante ensino, por alentar esse mesmo espírito metafísico, no qual ela vê hoje o principal obstáculo ao advento da nova filosofia. Sob esse aspecto, como a qualquer outro título, os filósofos positivos se sentirão sempre quase tão interessados quanto os poderes atuais na dupla manutenção contínua da ordem interior e da paz exterior, porque nela veem a condição mais favorável a uma verdadeira renovação mental e moral: somente do ponto de vista que lhes é próprio, eles devem perceber de mais longe o que poderia comprometer ou consolidar esse grande resultado político do conjunto de nossa situação transitória.

Terceira Parte

Caracterizamos agora de modo suficiente, sob todos os aspectos, a importância capital que hoje apresenta a universal propagação dos estudos positivos, sobretudo entre os proletários, para constituir doravante um indispensável ponto de apoio, ao mesmo tempo mental e social, para a elaboração filosófica que gradualmente deve determinar a reorganização espiritual das sociedades modernas. Semelhante apreciação ficaria, porém, incompleta e mesmo insuficiente, se a parte final deste *Discurso* não fosse diretamente consagrada a estabelecer a ordem fundamental que convém a essa série de estudos, de maneira a fixar a verdadeira posição que deve ocupar, em seu conjunto, aquele que será em seguida o objeto exclusivo deste Tratado. Longe de ser esse arranjo didático quase indiferente, como nosso vicioso regime científico muitas vezes o faz supor, pode-se assegurar, pelo contrário, que é dele sobretudo que depende a principal eficácia, intelectual ou social, dessa grande preparação. Existe, além disso, íntima solidariedade entre a concepção enciclopédica de que resulta esse estudo e a lei fundamental de evolução que serve de base à nova filosofia geral.

Semelhante ordem deve, por sua natureza, preencher duas condições essenciais; uma dogmática, outra histórica, cuja convergência necessária convém desde logo reconhecer: a primeira consiste em ordenar as ciências segundo sua dependência sucessiva, de modo *que cada uma repouse sobre a precedente e prepare a seguinte; a segunda manda dispô-las de acordo com a marcha de sua formação efetiva*, passando sempre das mais antigas às mais recentes. Ora, a equivalência dessas duas vias enciclopédicas resulta, em geral, da identidade fundamental que existe inevitavelmente entre a evolução individual e a evolução coletiva, as quais, tendo igual origem, destino semelhante e um mesmo agente, devem sempre oferecer fases correspondentes, salvo as únicas diversidades de duração, de intensidade e de velocidade, inerentes à desigualdade dos dois organismos. Esse concurso necessário permite, portanto, conceber esses dois modos como dois aspectos correlatos de um mesmo princípio enciclopédico, de maneira que se possa empregar habitualmente aquele que, em cada caso, melhor manifestar as relações consideradas e com a preciosa faculdade de poder constantemente verificar por um o que tiver resultado do outro.

A lei fundamental dessa ordem comum, de dependência dogmática e de sucessão histórica, foi completamente estabelecida na grande obra já citada e cujo plano geral ela determina. Consiste em classificar as diferentes ciências de acordo com a natureza dos fenômenos estudados, segundo sua generalidade e sua independência decrescentes ou sua complicação crescente, de onde resultam especulações cada vez menos abstratas e cada vez mais difíceis, mas também cada vez mais eminentes e completas, em virtude de sua relação mais íntima com o homem, ou antes com a Humanidade, objeto final de todo o sistema teórico. Essa classificação tira seu principal valor filosófico, tanto científico como lógico, da identidade constante e necessária que existe entre todos esses diversos modos de comparação especulativa dos fenômenos naturais e dos quais resultam outros tantos teoremas enciclopédicos, cuja explicação e uso pertencem à obra citada que, além disso, sob o aspecto ativo lhe acrescenta essa importante relação geral: que os fenômenos se tornam cada vez mais modificáveis, de maneira a oferecer um campo cada vez mais vasto para a intervenção humana. Basta indicar aqui sumariamente a aplicação desse grande princípio à determinação racional da verdadeira hierarquia dos estudos fundamentais, diretamente concebidos doravante como os diferentes elementos essenciais de uma ciência única, aquela da Humanidade.

Esse objeto final de todas as nossas especulações reais exige evidentemente, por sua natureza, ao mesmo tempo científica e lógica, um duplo preâmbulo indispensável, relativo, de um lado, ao homem propriamente dito, de outro, ao mundo exterior. Com efeito, não se poderia estudar racionalmente os fenômenos, estáticos ou dinâmicos, da sociabilidade se não fossem primeiramente conhecidos o agente especial que os opera e o meio geral onde se realizam. Disso resulta, portanto, a divisão necessária da filosofia natural, destinada a preparar a filosofia social, em dois grandes ramos, um orgânico, outro inorgânico. Quanto à disposição relativa desses dois estudos igualmente fundamentais, todos os motivos essenciais, tanto científicos como lógicos, concorrem para prescrever, na educação individual e na evolução coletiva, que se comece pelo segundo, cujos fenômenos mais simples e mais independentes, em razão de sua generalidade superior; são os únicos a comportar em primeiro lugar uma apreciação verdadeiramente positiva, enquanto suas leis, diretamente relativas à existência universal, exercem em seguida uma influência necessária sobre a existência especial dos corpos vivos.

A astronomia constitui necessariamente, sob todos os aspectos, o elemento mais decisivo dessa teoria preliminar do mundo exterior, seja por ser mais suscetível de uma plena positividade, seja à medida que caracteriza o meio geral de todos e quaisquer de nossos fenômenos e manifestando, sem nenhuma outra complicação, a simples existência matemática, isto é, geométrica ou mecânica, comum a todos os seres reais. Mesmo, porém, quando se condensasse o mais possível as verdadeiras concepções enciclopédicas, não se poderia reduzir a filosofia inorgânica a esse elemento principal, porque ela ficaria então completamente isolada da filosofia orgânica. Seu laço fundamental, científico e lógico, consiste sobretudo no ramo mais complexo da primeira, o estudo dos fenômenos de composição e de decomposição, os mais eminentes daqueles que a existência universal comporta e os mais próximos da ordem vital propriamente dita. É assim que a filosofia natural, considerada como preâmbulo necessário da filosofia social, decompondo-se de início em dois estudos extremos e um estudo intermediário, compreende sucessivamente essas três grandes ciências, a astronomia, a química e a biologia, das quais a primeira se liga imediatamente à origem espontânea do verdadeiro espírito científico e a última a seu destino essencial. Seu surgimento inicial respectivo se refere historicamente à Antiguidade grega, à Idade Média e à época moderna.

Semelhante apreciação enciclopédica não preencheria ainda de modo suficiente as condições indispensáveis de continuidade e de espontaneidade peculiares a esse assunto: por um lado, deixa uma lacuna capital entre a astronomia e a química, cuja ligação não poderia ser direta; por outro lado, não indica de modo suficiente a verdadeira origem desse sistema especulativo, como um simples prolongamento abstrato da razão comum, cujo ponto de partida científico não podia ser diretamente astronômico. Mas, para completar a fórmula fundamental, basta, em primeiro lugar, colocar no início desse vasto conjunto, a ciência matemática, único berço necessário da positividade racional, tanto para o indivíduo como para a espécie. Se, por uma aplicação mais especial de nosso princípio enciclopédico, se decompuser, por sua vez, essa ciência inicial em seus três grandes ramos, o cálculo, a geometria e a mecânica, determinar-se-á enfim, com a última precisão filosófica, a verdadeira origem de todo o sistema científico, saído a princípio, com efeito, das especulações puramente numéricas que, sendo as mais gerais, as mais abstratas e as mais independentes de todas, quase se confundem com a irrupção espontânea do espírito positivo nas inteligências mais vulgares, como o confirma ainda, sob nossos olhos, a observação diária do desenvolvimento individual.

Chega-se assim gradualmente a descobrir a invariável hierarquia, a um tempo histórica e dogmática, igualmente científica e lógica, das seis ciências fundamentais, a matemática, a astronomia, a física, a química, a biologia e a sociologia, das quais a primeira constitui necessariamente o ponto de partida exclusivo e a última o fim único e essencial de toda a filosofia positiva, considerada doravante como formando, por sua natureza, um sistema verdadeiramente indivisível, onde toda decomposição é radicalmente artificial, sem ser, aliás, de nenhum modo, arbitrária, relacionando-se tudo isso enfim à Humanidade, única concepção plenamente universal. O conjunto dessa fórmula enciclopédica, exatamente conforme às verdadeiras afinidades dos estudos correspondentes e que, por outro lado, compreende evidentemente todos os elementos de nossas especulações reais, permite enfim a cada inteligência renovar à sua vontade a história geral do espírito positivo, passando de uma maneira quase insensível das mais insignificantes ideias matemáticas aos mais altos pensamentos sociais. É claro, com efeito, que cada uma das quatro ciências intermediárias se confunde, por assim dizer, com a precedente quanto a seus fenômenos mais simples e com a seguinte quanto aos mais eminentes. Essa perfeita continuidade espontânea se tornará sobretudo irrecusável a todos aqueles que reconhecem, na obra anteriormente indicada, que o mesmo princípio enciclopédico fornece também a classificação racional das diversas partes constituintes de cada estudo fundamental, de modo que os graus dogmáticos e as fases históricas podem se aproximar tanto quanto o exigir a precisão das comparações ou a facilidade das transições.

No estado presente das inteligências, a aplicação lógica dessa grande fórmula é ainda mais importante do que seu uso científico, por ser o método, em nossos dias, mais essencial que a própria doutrina e, além disso, o único imediatamente suscetível de uma plena regeneração. Sua principal utilidade consiste, pois, hoje em determinar com rigor a marcha invariável de toda educação verdadeiramente positiva, no meio dos preconceitos irracionais e dos viciosos hábitos próprios ao desenvolvimento preliminar do sistema científico, formado assim gradualmente de teorias parciais e incoerentes, cujas relações mútuas deviam até hoje permanecer despercebidas de seus fundadores sucessivos. Todas as classes atuais de sábios violam agora, com igual gravidade, embora a títulos diversos, essa obrigação fundamental. Limitando-nos aqui a indicar os dois casos extremos, os geômetras, justamente orgulhosos por estarem colocados na verdadeira origem da positividade racional, se obstinam cegamente em reter o espírito humano nesse grau puramente inicial do verdadeiro surgimento especulativo, sem jamais considerarem seu único destino necessário; ao contrário, os biologistas, enaltecendo com direito a dignidade superior de seu assunto, imediatamente vizinho desse grande destino, persistem em manter seus estudos num irracional isolamento, libertando-se arbitrariamente da difícil preparação que sua natureza exige. Essas disposições opostas, mas igualmente empíricas, conduzem frequentemente hoje, em alguns a vão desperdício de esforços intelectuais, consumidos em pesquisas cada vez mais pueris; em outros, a uma instabilidade contínua das diversas noções essenciais, por falta de marcha verdadeiramente positiva. Sob este último aspecto sobretudo, deve-se notar, com efeito, que os estudos sociais não são agora os únicos a permanecerem ainda exteriores ao sistema plenamente positivo, sob o estéril domínio do espírito teológico-metafísico; na realidade, os próprios estudos biológicos, sobretudo dinâmicos, embora estejam academicamente constituídos, não alcançaram também até aqui, uma verdadeira positividade, porquanto nenhuma doutrina capital está hoje neles suficientemente *esboçada no grau requerido, de modo que o campo das ilusões e das charlatanices ainda permanece aí quase indefinido.*

Ora, o deplorável prolongamento de semelhante situação resulta essencialmente, em ambos os casos, do insuficiente preenchimento das grandes condições lógicas determinadas por nossa lei enciclopédica; de fato, ninguém contesta mais, há muito tempo, a necessidade de uma marcha positiva, mas todos lhe desconhecem a natureza e as obrigações que só a verdadeira hierarquia positiva pode caracterizar. Que esperar, com efeito, quer em relação aos fenômenos sociais, quer mesmo em relação ao estudo mais simples da vida individual, de uma cultura que aborda diretamente especulações tão complexas sem se ter dignamente preparado por meio de uma sadia apreciação dos métodos e das doutrinas relativas aos diversos fenômenos menos complicados e mais gerais, de maneira a não poder conhecer suficientemente nem a lógica indutiva, caracterizada principalmente, no estado rudimentar, pela química, pela física e antes pela astronomia, nem mesmo a pura lógica dedutiva ou a arte elementar do raciocínio decisivo que só a iniciação matemática pode convenientemente desenvolver?

Para facilitar o uso habitual de nossa fórmula hierárquica, convém realmente, quando não se tem necessidade de uma grande precisão enciclopédica, agrupar seus termos dois a dois, reduzindo-a a três pares, um inicial, matemático-astronômico, outro final, biológico-sociológico, separados e reunidos pelo par intermediário, físico-químico. Essa feliz condensação resulta de uma irrecusável apreciação, pois existe, de fato, uma maior afinidade natural, tanto científica como lógica, entre os dois elementos de cada par do que entre os próprios pares consecutivos, como o confirma muitas vezes a dificuldade que se experimenta em separar nitidamente a matemática da astronomia, e a física da química, em virtude dos hábitos vagos que ainda dominam todos os pensamentos de conjunto; a biologia e a sociologia sobretudo continuam quase a ser confundidas pela maioria dos pensadores atuais. Sem chegar nunca até essas viciosas confusões, que alterariam radicalmente as transições enciclopédicas, será frequentemente útil reduzir assim a hierarquia elementar das especulações reais a três pares essenciais, cada um dos quais poderá, aliás, ser designado brevemente por seu elemento mais especial, que é sempre efetivamente o mais característico e o mais próprio para definir as grande fases da evolução positiva, individual ou coletiva.

Esta apreciação sumária basta aqui para indicar o destino e assinalar a importância de semelhante lei enciclopédica, na qual reside afinal uma das duas ideias-mãe, cuja íntima combinação espontânea constitui necessariamente a base sistemática da nova filosofia geral. O término deste longo *Discurso, no qual o verdadeiro espírito positivo foi caracterizado sob todos os aspectos essenciais, se aproxima assim de seu começo, pois esta teoria da classificação deve ser considerada, em último lugar, como naturalmente inseparável da teoria de evolução exposta em primeiro lugar, de modo que o discurso atual forma por si mesmo um verdadeiro conjunto, imagem fiel, embora muito reduzida, de um vasto sistema. É fácil compreender, com efeito, que a consideração habitual de semelhante hierarquia deve se tornar indispensável, seja para aplicar convenientemente nossa lei inicial dos três estados, seja para dissipar suficientemente as únicas objeções sérias que possa comportar;* porque a frequente simultaneidade histórica das três grandes fases mentais para com especulações diferentes constituiria, de qualquer outro modo, uma inexplicável anomalia que anula, ao contrário, espontaneamente nossa lei hierárquica, relativa tanto à sucessão quanto à dependência dos diversos estudos positivos. Concebe-se igualmente em sentido inverso que a regra da classificação supõe aquela da evolução, porquanto todos os motivos essenciais da ordem assim estabelecida resultam, no fundo, da desigual rapidez de semelhante desenvolvimento entre as diferentes ciências fundamentais.

A combinação racional dessas duas ideias-mãe, constituindo a unidade necessária do sistema científico, no qual todas as partes concorrem cada vez mais para um mesmo fim, assegura também, por outro lado, a justa independência dos diversos elementos principais, ainda frequentemente muito alterada por viciosas aproximações. O espírito positivo, em seu desenvolvimento preliminar, único até aqui realizado, teve de estender-se gradualmente dos estudos inferiores aos estudos superiores, de modo que estes ficaram inevitavelmente expostos à opressiva invasão dos primeiros, contra o ascendente dos quais sua indispensável originalidade não encontrava a princípio garantia senão no prolongamento exagerado da tutela teológico-metafísica. Essa deplorável flutuação, muito sensível ainda na ciência dos corpos vivos, caracteriza hoje o que contêm de real, no fundo, as longas controvérsias, aliás tão vãs sob todos os aspectos, entre o materialismo e o espiritualismo, representando de modo provisório, sob formas igualmente viciosas, as necessidades igualmente graves, embora infelizmente opostas até aqui, da realidade e da dignidade de quaisquer de nossas especulações. Tendo já atingido sua maturidade sistemática, o espírito positivo dissipa ao mesmo tempo essas duas ordens de aberrações, terminando esses estéreis conflitos pela satisfação simultânea dessas duas condições viciosamente contrárias, como o indica logo nossa hierarquia científica combinada com nossa lei de evolução, pois cada ciência não pode atingir uma verdadeira positividade senão quando a originalidade de seu caráter próprio estiver plenamente consolidada.

Uma aplicação direta desta teoria enciclopédica, ao mesmo tempo científica e lógica, nos conduz enfim a definir exatamente a natureza e o destino do ensino especial ao qual este Tratado é consagrado. Resulta, com efeito, das explicações precedentes, que a principal eficácia, primeiro mental, depois social, que devemos procurar hoje numa sábia propagação universal dos estudos positivos depende necessariamente de uma escrita observância didática da lei hierárquica. Para cada rápida iniciação individual, como para a lenta iniciação coletiva, será sempre indispensável que o espírito positivo, desenvolvendo seu regime, à medida que expande seu domínio, se eleve aos poucos, do estado matemático inicial ao estado sociólogo final, percorrendo sucessivamente os quatro graus intermediários, astronômico, físico, químico e biológico. Nenhuma superioridade individual pode verdadeiramente dispensar essa gradação fundamental, a respeito da qual temos muitas ocasiões de constatar hoje, em altas inteligências, uma irreparável lacuna que às vezes neutralizou eminentes esforços filosóficos. Semelhante marcha deve, pois, tornar-se ainda mais indispensável na educação universal, na qual as especialidades têm pouca importância e cuja principal utilidade, mais lógica do que científica, exige essencialmente plena racionalidade, sobretudo quando se trata de constituir enfim o verdadeiro regime mental. Assim, esse ensino popular deve referir-se principalmente ao primeiro par científico até que esteja convenientemente vulgarizado. É aí que todos devem, em primeiro lugar, haurir as verdadeiras noções elementares de sua positividade geral, adquirindo os conhecimentos que servem de base a todas as outras especulações reais. Embora essa estrita obrigação conduza necessariamente a colocar no início os estudos puramente matemáticos, deve-se, no entanto, considerar que não se trata ainda de estabelecer uma sistematização direta e completa da instrução popular, mas apenas de imprimir convenientemente o impulso filosófico que a ela deve conduzir. Desde então se reconhece com facilidade que semelhante movimento deve depender sobretudo dos estudos astronômicos que, por sua natureza, oferecem necessariamente a plena manifestação do verdadeiro espírito matemático, do qual constituem, no fundo, o principal destino. Há tanto menos inconvenientes atuais em caracterizar assim o par inicial só pela astronomia, quanto os conhecimentos matemáticos verdadeiramente indispensáveis à sua judiciosa divulgação já estão bastante difundidos ou são bastante fáceis de adquirir, para que se possa hoje limitar-se a supô-los como resultantes de uma preparação espontânea.

 Essa preponderância necessária da ciência astronômica na primeira propagação sistemática da iniciação positiva é plenamente conforme à influência histórica de semelhante estudo, principal motor até aqui das grandes revoluções intelectuais. O sentimento fundamental da invariabilidade das leis naturais devia desenvolver-se, com efeito, primeiramente em relação aos fenômenos mais simples e mais gerais, cuja regularidade e grandeza superiores nos manifestam a única ordem real que seja completamente independente de qualquer intervenção humana. Antes mesmo de comportar qualquer caráter verdadeiramente científico, essa classe de concepções determinou sobretudo a passagem decisiva do fetichismo ao politeísmo que resultou em toda parte do culto dos astros. Seu primeiro esboço matemático, nas escolas de Tales e de Pitágoras, constituiu em seguida a principal fonte mental da decadência do politeísmo e do ascendente do monoteísmo. Finalmente, o desenvolvimento sistemático da positividade moderna, que tende abertamente para um novo regime filosófico, resultou essencialmente da grande renovação astronômica começada por Copérnico, Kepler e Galileu. Não há, pois, motivo para se surpreender que a universal iniciação positiva, sobre a qual deve se apoiar o advento direto da filosofia definitiva, deva também depender primeiramente de semelhante estudo, em virtude da conformidade necessária da educação do indivíduo com a evolução coletiva. Esse é, sem dúvida, o último ofício fundamental que deva lhe ser próprio no desenvolvimento geral da razão humana que, tendo uma vez atingido entre todos uma verdadeira positividade, deverá marchar em seguida sob um novo impulso filosófico, diretamente emanado da ciência final, desde então investida para sempre em sua presidência normal. Essa é a eminente utilidade, não menos social do que mental, que se trata aqui de retirar enfim de uma judiciosa exposição popular do sistema atual dos sadios estudos astronômicos.

Anexo I

Ordem e Progresso

Associação livre para a instrução do povo em todo o ocidente europeu

A reorganização preliminar das opiniões e dos costumes constitui a única base sólida, de acordo com a qual se possa realizar a regeneração gradual das instituições sociais, à medida que o espírito público tiver livremente adotado os princípios fundamentais do regime final para o qual tende o conjunto do passado na elite da humanidade. Assim, a santa instrução popular se torna hoje a primeira condição do verdadeiro caráter próprio para a finalização orgânica da grande revolução. Essa necessidade é sobretudo compreendida pelos próprios proletários que, apesar da admirável espontaneidade de seus nobres instintos, sentem como a cultura sistemática é indispensável para eles.

De acordo com um duplo direito, já incontestável, de livre ensino e de livre associação, anuncio, portanto, a recente formação de uma Associação independente que, sob a divisa característica "Ordem e Progresso", realizará, quanto possível, semelhante função social. Ela se empenha exclusivamente a desenvolver, por meio de cursos sempre gratuitos, cujo acesso não será jamais restrito, à instrução positiva propriamente dita, compreendendo: de um lado, os estudos matemáticos, inorgânicos e biológicos; de outro, a história que, embora habitualmente empírica, contém o preâmbulo necessário da verdadeira ciência social. Mas, afastando todo princípio indiscutível, ela se interdiz cuidadosamente todos os assuntos que não comportem verdadeiras demonstrações.

Longe de dissimular a tendência diretamente social de seu ensino, essa Associação se esforçará sem cessar de subordinar profundamente a inteligência à sociabilidade, considerando sempre o espírito como o principal ministro do coração. A seus olhos, não existe, no fundo, senão uma única ciência, aquela da Humanidade, em virtude da qual todas os outros estudos reais não constituem senão preâmbulos indispensáveis, cuja especialidade atual só pode ser corrigida por esse destino comum. Mas, salvo esse princípio universal, a convergência habitual dos diversos cursos ficará sempre entregue exclusivamente às livres convicções de todo professor, sem que nenhum programa lhe seja jamais imposto.

Essa Associação positiva compreende, sob o mesmo título, duas espécies de membros, em número limitado, dos quais alguns consagram uma parte regular de seu tempo ao ensino popular, enquanto que os outros facilitarão, por todas as vias legítimas, o exercício e a extensão.

Embora deva considerar Paris como a sede essencial de suas operações, seu serviço não se limita à França. Abrange as cinco populações adiantadas que, sempre mais ou menos solidárias, mesmo desde a assimilação romana, compõem, desde Carlos Magno, a grande república ocidental, no seio da qual, apesar das diversidades nacionais, agravadas a seguir pelas dissidências religiosas, se realizou um desenvolvimento intelectual e social do qual o resto da humanidade não oferece ainda, mesmo na Europa, um verdadeiro equivalente. Desse modo, conservando ao centro francês a iniciativa natural que a primeira parte da Revolução lhe conferiu para sempre, a Associação ocidental estenderá suas funções habituais, de uma parte para a Alemanha e a Inglaterra e, de outra, para a Itália e a Espanha. Essa indispensável extensão de um ofício por toda parte urgente exige necessariamente que a Associação positiva, sem recusar jamais a assistência dos diversos governos ocidentais, se mantenha sempre independente de qualquer um dentre eles.

Nesse grande empreendimento social, invoco diretamente a cooperação de todos aqueles que, a um título qualquer, podem concorrer utilmente. Mas convido mais especialmente, de um lado, para as ciências inorgânicas, meus antigos camaradas ou alunos da Escola Politécnica que se sintam dispostos a apoiá-la; de outro lado, para os estudos biológicos, os médicos ou naturalistas que puderem cooperar.

Quaisquer pedidos de admissão serão recebidos em minha casa (10, rua Monsieur-le-Prince), todas as tardes, das 7 às 9 horas, ou por correspondência.

Paris, sexta-feira, 25 de fevereiro de 1848
Auguste Comte

Anexo II

Ordem e Progresso

O fundador da sociedade positivista
a quem quer que deseje a ela se associar
Paris, quarta-feira, 8 de março de 1848

Acabo de fundar, sob a divisa característica Ordem e Progresso, uma Sociedade política destinada a realizar, com relação à segunda parte, essencialmente orgânica, da grande revolução, uma função equivalente àquela que exerceu tão utilmente a Sociedade dos jacobinos na primeira parte, necessariamente crítica. Sua ação será mesmo mais puramente consultiva, sem nenhuma mistura de intervenção temporal, porquanto repousará sobre uma nova doutrina geral, cujos partidários são ainda muito pouco numerosos para obter outra influência social do que aquela que poderia emanar de uma livre apreciação pública da sabedoria de seus juízos e de suas opiniões. Essa doutrina está exposta em meu tratado fundamental de Filosofia Positiva. É sobretudo caracterizada pela elaboração histórica dos dois últimos volumes que, de acordo com o conjunto do passado humano, determina sem utopia o futuro social, de maneira a fundar a verdadeira ciência política, base racional da arte correspondente.

A Sociedade Positivista se propõe, portanto, a fazer gradual-

mente prevalecer os princípios dessa nova ciência, aplicando-os com oportunidade ao curso natural dos acontecimentos, seja para apreciar os fatos realizados e as medidas adotadas, seja sobretudo para assinalar as tendências reais e indicar melhores meios para regularizá-las. Embora deva se consagrar sobretudo às questões apresentadas pela situação geral e sobre as quais a atenção pública se fixa por si, ela se reserva também a introduzir algumas vezes temas de discussão que não estariam ainda na ordem do dia, contanto que tenha realmente reconhecido sua aptidão para esclarecer os debates espontâneos. Numa palavra, tem por objetivo geral facilitar o advento do novo poder espiritual que o positivismo representa como único apropriado para levar a termo a revolução, pela fundação direta do regime final para o qual tende hoje a elite da humanidade. A esse efeito, aplicará a doutrina fundamental para esboçar espontaneamente, tanto quanto o comporta o meio atual, as funções de apreciação, de conselho e de preparação que esse poder definitivo deverá em seguida realizar sistematicamente, sob o apoio contínuo das simpatias universais.

De acordo com semelhante destino, a função espiritual da Sociedade Positivista não se limitará à França. Abrangerá naturalmente todas as populações adiantadas que agora participam, apesar de suas diversidades nacionais, da mesma necessidade fundamental de regeneração social, como o prova hoje a extensão gradual da crise revolucionária. Assim, deve compreender o conjunto da grande república ocidental que, preparada pela incorporação romana e diretamente constituída sob Carlos Magno, em toda parte realizou, desde a Idade Média, um desenvolvimento intelectual e social, a um tempo negativo e positivo, do qual o resto da humanidade não oferece ainda, mesmo na Europa, um verdadeiro equivalente. Essa família de elite contém, em torno do centro francês, de um lado a Alemanha e a Inglaterra com seus anexos naturais e, de outro, a Itália e a Espanha. Essa é, segundo a sã teoria histórica, a extensão necessária da função espiritual que a Sociedade Positivista vem hoje esboçar, adaptando-se sempre às conveniências reais de cada nacionalidade. A primeira parte da revolução devia ser essencialmente francesa, uma vez que o abalo inicial não pode, aliás, tornar-se tão decisivo por falta de estar preparado para isso de modo suficiente. Mas sua segunda parte se apresenta, ao contrário, como necessariamente comum a todo o ocidente, a reorganização espiritual, que deve sobretudo caracterizá-la, mostrando-se já em toda parte urgente. A conciliação fundamental entre os instintos ainda opostos da ordem e do progresso não pode ser concebida e realizada a não ser elevando-se habitualmente a tal ponto de vista histórico, único a um tempo definido e bastante e ampliado, para indicar convenientemente o mal e o remédio. Uma vez que a demolição do regime antigo começou, no século XIV, pela desorganização espontânea de suas funções ocidentais, deve-se ter realmente cuidado para que a construção do novo sistema siga hoje a mesma marcha. Desse modo, a Sociedade Positivista não será, em seus sentimentos e em seus pensamentos, nem nacional nem cosmopolita, mas ocidental; por outro lado, ela concebe a regeneração final como devendo em seguida se estender, segundo uma progressão determinada, a todo o resto da humanidade, sob a sábia assistência do ocidente reunido.

Para os observadores racionais, a segunda parte da revolução, que deve ser, sobretudo hoje, mais espiritual que temporal, já começou depois que a fundação da ciência social desvendou o verdadeiro caráter geral do futuro humano, tão confusamente entrevisto até então, mesmo por meu principal precursor, o ilustre e infeliz Condorcet. Mas essa condição intelectual não motivava bastante a formação da Sociedade Positivista até o momento em que a maravilhosa transformação política que acaba de ocorrer na França tivesse ao mesmo tempo mostrado a possibilidade e a urgência de semelhante associação.

A proclamação, praticamente irrevogável, da República francesa constitui, sob todos os aspectos, o maior acontecimento ocorrido no ocidente desde a queda de Bonaparte. Ela resume nitidamente o conjunto da parte negativa da revolução, destruindo radicalmente as esperanças e as ilusões retrógradas que, desde a segunda metade do reino de Luís XIV, se prendia na França unicamente ao nome da realeza, sob alguma forma com que conseguia se manter. Por outro lado, o título de *República apresenta, em sua feliz acepção orgânica, o programa universal, antes sentimental que racional, do verdadeiro futuro social. Anuncia assim a subordinação contínua da política à moral, admiravelmente esboçada na Idade Média sob o princípio católico, mas que não era plenamente realizável senão depois de um regime espiritual melhor e num meio mais favorável. A reorganização das opiniões e dos costumes, única base sólida da regeneração gradual das instituições sociais, se insere portanto naturalmente na grande ordem do dia com muito mais energia e nitidez do que o comportava recentemente a preponderância artificial de um regime contrário ao conjunto do passado francês e que, no entanto, pretendia oferecer o desfecho final. Ao mesmo tempo que mais urgente, a reorganização espiritual se torna assim mais fácil, em virtude da ausência total de convicções sistemáticas que distingue esse salutar abalo de todas as precedentes. Uma* doutrina verdadeiramente completa e coerente em todas as suas aplicações deve então encontrar muito mais acesso nos espíritos cansados com a anarquia mental e incapazes de resistir profundamente às demonstrações filosóficas.

Embora a necessidade de fórmulas quaisquer pareça realmente uma consequência dessa imensa lacuna, suscitar hoje uma espécie de retorno oficial às doutrinas metafísicas que convieram à parte negativa da revolução, todos sabem que, salvo alguns homens atrasados e pouco influentes, essas teorias antiquadas não determinam nenhuma confiança séria naqueles que são assim forçados a recorrer a elas provisoriamente. A preponderância habitual e unânime dos sentimentos de ordem fará logo ressaltar, sob todos os aspectos, como essa impotente restauração de uma filosofia puramente revolucionária é antipática às necessidades e às tendências que caracterizam nosso século, sobretudo na França, onde a anarquia não é menos repelida que a retrogradação.

Todas as inquietudes que esse despertar passageiro dos princípios negativos já excita terminarão necessariamente por facilitar o ascendente da filosofia positiva, única fonte praticamente possível das convicções sistemáticas capazes de conter iminentes aberrações, contra as quais as crenças teológicas não oferecem mais, há muito tempo, nenhuma garantia real. Assim, por exemplo, se levantarão, em nossa próxima assembleia nacional, graves debates sobre a divisa republicana entre os partidários da fórmula revolucionária que acaba de ser momentaneamente restabelecida e aqueles da divisa provisória que o feliz instinto da classe média adotou espontaneamente sob o regime deposto. Essa luta inevitável permitirá naturalmente à Sociedade Positivista já esperar a consagração de sua própria divisa (*Ordem e Progresso*), que corresponde certamente ao verdadeiro caráter do futuro social, como anunciando a conciliação fundamental, ao mesmo tempo política e filosófica, das duas necessidades gerais da humanidade. De igual modo, as íntimas dificuldades industriais, que a tendência metafísica agravará cada vez mais para prescrever legalmente sobretudo o que deve ser regulado pelos costumes, fornecerão à nova sociedade muitas ocasiões decisivas para fazer sentir nitidamente, aos trabalhadores e aos empresários, como essa disciplina tão desejável depende de uma verdadeira reorganização espiritual, única capaz de estabelecer tanto os princípios que devem presidir a isso, como a autoridade, tão imparcial quanto esclarecida, que pode aplicá-los sabiamente em cada conflito. Naquilo que interessa especialmente o progresso, falta-nos uma última garantia essencial para completar a liberdade de discussão, indispensável à regeneração final, estendendo convenientemente à exposição oral a justa independência própria à exposição escrita. Ora, só a Sociedade Positiva pode hoje solicitar, com a infatigável energia, que uma plena convicção inspira a consagração legal das condições necessárias à liberdade de ensino e de associação que o feliz abalo de fevereiro nos proporcionou espontaneamente. Todas as outras escolas atuais repelem mais ou menos essa plenitude de exame que suas teorias não poderiam suportar.

Sem especificar aqui outras aplicações, concebe-se em geral que essa sociedade fará intervir utilmente sua doutrina universal em todas as ocasiões decisivas que o desenvolvimento espontâneo de nossa anarquia espiritual apresentar, para manifestar a necessidade de verdadeiros princípios sociais, próprios a fornecer uma base sólida de juízo e de conduta. Embora a situação pareça favorecer as utopias de qualquer tipo, permitindo-lhes praticamente um livre surgimento teórico, ela lhes tira, por isso mesmo, o atrativo involuntário resultante de uma opressiva interdição e a ilusão natural de uma perspectiva distante. Assim colocadas na presença da realidade, elas não poderão sustentar, aos olhos do público imparcial, o exame racional que só a nova filosofia pode levá-las a suportar dignamente.

Em virtude de seu destino, a Sociedade Positivista exercerá sua função espiritual, não somente por meio de suas discussões internas, mas também por meio de seus escritos e seus discursos públicos, por meio de suas petições sistemáticas à Assembleia nacional ou ao poder central etc.; numa palavra, por todos os modos próprios à influência teórica e consultiva, expurgada de toda intervenção prática até que tenha adquirido bastante amplitude e importância, suas sessões continuarão a ter lugar em minha casa, todos os domingos à noite, das sete horas precisas até as dez. Mas nada praticamente podendo tornar-se eficácia, como o haviam percebido os jacobinos, a não ser aquilo que se realiza à luz do dia, sua missão só frutificará plenamente quando suas reuniões habituais forem consagradas pela silenciosa presença de um auditório livre. É somente então que terminará de preparar uma verdadeira reorganização espiritual, esboçando, em seu interior, o culto final da Humanidade, sobretudo em virtude de um sistema geral de comemoração pública que a sã teoria histórica lhe permitirá de estender, sem nenhuma inconsequência, a todas as fases da evolução humana.

Para assegurar melhor a unidade de composição indispensável à Sociedade Positivista, eu serei o único juiz da aptidão intelectual e moral de todos aqueles que pedirem para entrar nela. Mas, embora o número dos membros deva permanecer ilimitado, importa também garantir especialmente a fraternidade de suas relações mútuas. É por isso que cada uma de minhas novas escolhas será sempre submetida à apreciação dos membros mais antigos.

As explicações precedentes indicam evidentemente, como primeira condição indispensável, uma suficiente adesão ao espírito geral do positivismo.

Aqueles que demonstrem um verdadeiro desejo de se agregar à nova Sociedade, sem ter ainda estudado meu grande Tratado, deverão ao menos adotar plenamente o Discurso sobre o Espírito Positivo, que publiquei há quatro anos, para caracterizar sumariamente o positivismo, e o eminente opúsculo da *Filosofia Positiva, publicado um ano depois por Littré, a respeito de minha obra fundamental. Todo aquele que não aderir completamente às cinco conclusões essenciais desse breve escrito deveria desde então renunciar a semelhante incorporação, pelo menos imediata. De resto, vou publicar em breve Discurso sobre o Conjunto do Positivismo que, sob todos os grandes aspectos filosóficos e políticos, poderá, como prova dessa admissão, dispensar longo e difícil estudo de um tratado pouco acessível à maioria dos leitores atuais.*

Todos os filósofos positivos, que querem doravante votar seriamente sua vida inteira ao sacerdócio da Humanidade, devem renunciar sistematicamente a toda posição política propriamente dita, mesmo àquela que lhes for proposta pela confiança direta de seus concidadãos. Em seu nome, como no meu, proclamei recentemente, numa ocasião decisiva, esse solene empenho, resultado necessário das profundas convicções que, há mais de vinte anos, me familia-

rizaram com as condições essenciais dessa separação contínua das duas potências elementares, nas quais vejo o princípio fundamental da sadia política moderna. É claro, no entanto, que nenhuma renúncia semelhante poderia jamais ser imposta à maioria dos membros da Sociedade Positivista, porquanto seria diretamente contrária ao objetivo geral dessa associação, o universal ascendente da nova filosofia. Destinados, não a fundar uma doutrina que já existe, nem mesmo a desenvolvê-la e a aperfeiçoá-la, mas somente a fazê-la prevalecer por uma aplicação contínua e especial ao curso natural dos acontecimentos, esses membros se projetarão indiferentemente de todas as classes atuais. A classe ativa deverá fornecer o maior número, sobretudo entre esses nobres proletários franceses que são tão dispostos, de coração e de espírito, a semelhante missão. Bem longe de esquecer alguma vez seu caráter prático em nossas sessões positivistas, eles virão fortalecer periodicamente sua energia mental e moral, para melhor cumprir suas diversas funções públicas, fazendo penetrar por toda parte o espírito fundamental do positivismo.

Em virtude da extensão ocidental há pouco atribuída a suas funções essenciais, a Sociedade Positivista não se compõe exclusivamente de franceses. Seus membros podem pertencer a qualquer uma das cinco populações que formam a vanguarda da humanidade e mesmo àquelas que dela derivam por causa da colonização moderna. Entretanto, uma vez que sua principal atividade deve se realizar hoje na França, onde aliás está o centro normal dessa grande família, terei sempre o cuidado de nela manter uma forte maioria francesa. Em lugar de introduzir na sociedade-mãe muitos outros ocidentais, será preferível estender sobretudo seu território pela formação gradual de sociedades afiliadas nas diversas capitais do ocidente, como nas principais cidades da França, de modo que o lar parisiense possa facilmente expandir por toda parte seu impulso sistemático e também sofrer, por sua vez, todas as reações parciais convenientes a seu destino.

A associação da qual acabo de esboçar a natureza e o objetivo sempre ficará honrada por sua afinidade natural com os enérgicos predecessores que concorreram tão felizmente para o triunfo inicial da mesma causa. Um cumprimento de modo espontâneo para com nossa gloriosa assembleia republicana, como é o serviço de um poder espiritual, tanto quanto permitirem a época e a situação, foi o que realizaram os jacobinos com a admirável instituição, muito pouco apreciada ainda, do governo revolucionário. Para dirigir hoje o término orgânico da revolução, os positivistas chegam para exercer uma função equivalente, junto do novo poder temporal, local ou central, cujo principal destino, sempre necessariamente provisório, consiste em garantir a ordem material enquanto durar o interregno intelectual e moral.

Se os jacobinos levaram sobre nós a vantagem de aplicar uma doutrina previamente adotada, que os dispensava de toda acalorada discussão de princípios, a nossa compensa sua novidade e sua dificuldade, por seu caráter evidentemente definitivo e por sua aptidão a abranger tudo. Ela preenche até mesmo, com toda a energia conveniente e, no entanto, ao abrigo de toda tendência anárquica, o gênero de atribuições sociais que ainda conserva o espírito revolucionário propriamente dito, que pode assim se estender sem perigo. Cada uma das duas doutrinas convém de tal modo a seu principal destino, por um lado crítico e, por outro, orgânico, que acredito poder assegurar que quase todos os verdadeiros jacobinos seriam hoje zelosos positivistas.

Apesar da grande diversidade de suas respectivas opiniões, todos perseguem, em última análise, o mesmo objetivo essencial por meios adaptados aos tempos e às situações. A principal diferença filosófica consiste no espírito anti-histórico que exigia o abalo inicial, no qual a humanidade, para sair energicamente do antigo regime, devia então estar animada de um ódio cego contra o passado; enquanto que daí por diante o espírito dominante deve, ao contrário, tornar-se profundamente histórico, seja para conferir ao passado uma justiça indispensável à nossa inteira emancipação, seja para fundar nosso futuro sobre sua única base sólida, ligando-o sempre ao conjunto da evolução humana, apreciada por uma teoria que não teria sido possível, no começo da revolução – nem possível, nem oportuna.

Auguste Comte
Autor do Sistema de Filosofia Positiva
10, rua Monsieur-le-Prince

IMPRESSÃO E ACABAMENTO:
Gráfica Oceano